项王故里

王清平 著
陆启辉 摄

江苏凤凰美术出版社

图书在版编目（CIP）数据

项王故里 / 王清平著 ; 陆启辉摄. -- 南京 : 江苏凤凰美术出版社, 2019.8
（符号江苏精选本）
ISBN 978-7-5580-6558-3

Ⅰ. ①项… Ⅱ. ①王… ②陆… Ⅲ. ①项羽（前232-前202）-故居-介绍 Ⅳ. ①K928.72

中国版本图书馆CIP数据核字（2019）第157861号

责任编辑　吕猛进　王　煦
装帧设计　曲闵民　高　森
扉页插图　陈敏娜
责任校对　吕猛进
责任监印　朱晓燕

书　　名　项王故里
著　　者　王清平
摄　　影　陆启辉
出版发行　江苏凤凰美术出版社（南京市中央路165号　邮编：210009）
出版社网址　http://www.jsmscbs.com.cn
制　　版　南京新华丰制版有限公司
印　　刷　南京新世纪联盟印务有限公司
开　　本　787mm×1092mm　1/32
印　　张　7.75
版　　次　2019年8月第1版　2019年8月第1次印刷
标准书号　ISBN 978-7-5580-6558-3
定　　价　68.00元

营销部电话　025-68155790　营销部地址　南京市中央路165号
江苏凤凰美术出版社图书凡印装错误可向承印厂调换

内容简介

作者充分挖掘史料中关于项羽的记载，还原项羽人文形象，塑造英雄式的人物；同时本书图文并茂，结合项王故里景区的风土人情，展现了景区壮观与恢宏的气势。

作者简介

王清平，1959 年 12 月出生于泗洪。一级作家。现任宿迁市政协学习文史委主任，江苏省作家协会理事、宿迁市作家协会主席。先后发表长篇小说《秘书们》《上位》《麦田云雀》《牛自力》《洪泽湖畔》等十三部以及中短篇小说近百篇约五百万字文学作品。

陆启辉，中国摄影家协会会员，江苏省摄影家协会副主席，宿迁市文联副主席，宿迁市美术馆馆长。先后被评为江苏省优秀科技工作者、宿迁市优秀科技专家。

目录

CONTENTS

序

至今思项羽

公元前210年，秦始皇最后一次南巡，阵容豪华，派头十足。但一统江山后的他怎么都想不到江边和路边蓬蒿里站着的两个江苏人在想什么。

一个挤在江边欢迎人群中的江苏小伙子大声说：我能取代他！吓得这个小伙子的叔叔赶紧捂住侄儿的嘴巴，因为让官府听到将要诛灭九族。

另一个站在路边欢迎人群里的江苏中年人则感叹地说：大丈夫就该像他那样啊！

这两个江苏人就是后来推翻暴秦、争霸天下的“苏北佬”。那个小伙子是宿迁人，叫项羽；那个中年人是徐州人，叫刘邦。项羽出身于贵族世家，刘邦则出身于平民；但都属于当时的楚国。地处苏北的宿迁和徐州如今是紧挨着的两个地级市。

民间当时早有谚语：楚虽三户，亡秦必楚。果真，多年后，项羽和刘邦几乎同时起兵抗秦。项羽过关斩将，破釜沉舟，率军一举推翻了秦朝，分封天下，自称西楚霸王。刘邦获封十八路诸侯王中的汉王。

不久，这两个江苏人为争夺江山却又打了起来。项羽与秦争，留下了巨鹿大战以少胜多的辉煌战例。楚汉相争，项羽又留下了以 3 万轻骑击溃刘邦 56 万联军的彭城大战。其间项刘二人上演了多少家国情仇和人性活剧，成为后人争相演绎的佳话。

项羽慷慨吟诵一首《垓下歌》，自刎乌江，悲壮谢幕人生。

刘邦则建起大汉王朝，唱起了《大风歌》，威加海内回故乡。

应当说，两个对秦始皇羡慕嫉妒的江苏人都过了一把帝王的瘾。决心取皇帝而代之的项羽终于政由己出，称霸天下，长达 5 年，相当于一届总统的任期。羡慕“大丈夫当如此”的刘邦终于成为汉高祖，福荫子孙坐朝400余年。

但是，《史记》作者司马迁撰写3000年间中国历史时只选择了12位开疆拓土的帝王作传，有三皇五帝、秦皇汉武，但他却毫不犹豫地把项羽写进了12位帝王本纪，而且成为冠盖全史的经典名篇。因为他评价项羽说：“位虽不终，近古以来未尝有也！”

毫无疑问，项羽成为人类历史上唯一不以成败论英雄的真正超级英雄！他留在人世的英勇事迹和人性财富永远成为生者审视人生的多维精神向度。

宋代著名词人李清照那首诗最能代表后人对项羽的态度：

生当作人杰，
死亦为鬼雄。
至今思项羽，
不肯过江东。

是啊，至今思项羽！2000多年来，项羽不仅是中国家喻户晓的英雄人物，而且是世界上赫赫有名的第一战神。直到今天，在中国的大地上还保留着项羽留下的遗迹和庙宇等纪念场所，在中国、日本、韩国、朝鲜、越南等国典籍中还保留着项羽的故事和传说，在汉语言里有关项羽的成语多达32个，有关项羽的学术研究从未间断，影视动漫还在不断上演着项羽的传奇故事。由此形成的项羽文化现象寄托着中华民族乃至人类的智慧成果和道德理想，任何时代和任何人个都无法否认，更无法抹杀。

人们为什么会“至今思项羽”？因为项羽是一个古今无二的贵族英雄，是一个有血有肉、有胆有识、有情有义的堂堂正正的人。正像一千个人心中就有一千个哈姆雷特一样，每个人心中都有一个项羽。但与戏剧家塑造的哈姆雷特文学形象不同的是，项羽是人类历史上永远的超级贵族英雄。这一点无可争议。

寻找家喻户晓的真实项羽，就到宿迁的项王故里走走吧！

第一章 诵英雄传奇

翻开中国历史，几乎找不到哪一个人物像项羽那样成为家喻户晓的千古传奇。一个人，从古到今，众说纷纭，日久弥新。一段情，驰名中外，扼腕叹息，登峰造极。项羽已经成为人类文明进程中的一个标志性人物，渗透并伴随着人类的发展进步。论战争，项羽留下的战例堪称经典；谈政治，项羽身上的仁爱毁誉参半；说人生，项羽生命的光芒照耀人类；论爱情，霸王别姬的传奇千古无二；即使是谈文学，项羽留下的《垓下歌》也算得上中国七言绝句的开山之作。项羽，这个神勇无二的贵族英雄已成为中国不朽的传奇，但他究竟拥有怎样的真实人生呢?

第一节　贵族世家

据史书记载，项氏是华夏文明始祖黄帝的后裔，姬姓。西周时被分封到项子国，即现在中国河南的沈丘一带。公元前 647 年，古项国被消灭，项氏后人便以国名项为姓，流落散居到江淮一带，其中一支辗转迁徙到相水的下游即如今的宿迁定居。这一支祖孙三代都成为中国历史上著名的抗秦名将——项燕、项梁、项羽，其中项羽成为中国乃至世界历史上赫赫有名的战神。

项羽的祖父项燕（？—前 223），战国时期楚国的著名将领。在秦灭六国的战争中，项燕率领楚国大军顽强抵抗，大败秦将李信，后在抗击秦国老将王翦中因长期消耗惨遭失败被杀，不久楚国灭亡；但在民间却留下了“楚虽三户，亡秦必楚”的传言。在项燕战死的十几年后，以陈胜、吴广为首的农民起义军依然打着项燕的旗号造反起义，可见项燕当时的影响多么巨大而久远。

据后世《项氏宗谱》记载：项燕育有三个儿子，

项燕雕像

项梁雕像

大儿项超，二儿项梁，三儿项襄（即项伯）。项羽为项超之子。但《史记》中只记载项羽叔父项梁，却没有项羽父亲项超的记载，为什么？于史无考。项梁杀人，逃亡吴中，因何带上侄儿项羽，都已成谜。项梁起义后战死，项伯则因在鸿门宴前向刘邦通风报信，在刘邦夺取天下后获封射阳侯，赐改姓刘。总之，项羽生于贵族世家，这一点无可置疑。

项羽的叔父项梁（？—前 208），是秦末著名的起义军首领之一。因为在家乡杀了人，带上侄儿项羽逃避到吴中，即现在的江苏苏州，并很快在吴中站稳脚跟，而且成为当地善于主事的能人，威信很高，当地的许多贤士都不如他。哪家遇事，项梁出面协调，公道正派，言之成理，处置周密，令人信服。

公元前 209 年，中国历史上第一次大规模农民起义爆发。陈胜、吴广在大泽乡揭竿而起，致力于推翻秦朝。项梁联合项羽应声杀了会稽太守，身上挂了郡守的官印。郡守的部下大为惊慌，一片混乱。项梁召集原先所熟悉的豪强官吏，向他们说明起事反秦的道理，于是就发动吴中之兵起事了。项梁派人去接收吴中郡下属各县，共得精兵 8000 人；又部署郡中豪杰，派他们分别做校尉、侯、司马。项梁做了会稽郡守，项羽为副将，去巡行占领下属各县。这时候，广陵人召平为陈王去巡行占领广陵，广陵没有归服。召平听说陈王兵败退走，秦兵又快要到了，就渡过长江假托陈王的命令，拜项梁为楚王的上柱国。召平说江东之地已经平定，赶快带兵西进攻秦。项梁就带领8000人渡过长江向西进军。听说陈婴已经占据了东阳，项梁就派使者去东阳，想要同陈婴合兵西进。陈婴原先是东阳县的令史，在县中一向诚实谨慎，人们称赞他是忠厚老实的人。东阳县的年轻人杀了县令，聚集起数千人，想推举出一位首领，没有找到合适的人选，就来请陈婴做王。陈婴听他母亲的劝说，没敢做王。他对军吏们说，项氏世世代代做大将，在楚国是名门。现在我们要起义成大事，那就非得项家的人不可。我们依靠了名门大族，灭亡秦朝就确定无疑了。于是军众听从了他的话，把军队归属于项梁。项梁渡过淮河向北进军，黥布、蒲将军也率部队归属于项梁。这样，项梁总共有了六七万人，驻扎在下邳（今江苏邳县）。这时候，秦嘉已经立景驹做了楚王，驻扎在彭城以东，想要阻挡项梁西进。项梁对将士们说，陈王最先起义，仗打得不顺利，不知道如今在什么地方。现在秦嘉背叛了陈王而立景驹为楚王，这是大逆不道。于是进军攻打秦嘉。秦嘉的军队战败而逃，项梁率兵追击，直追到胡陵。秦嘉又回过头来与项梁交战，打了一天，秦嘉战死，部队投降。景驹逃跑到梁地，死在那里。项梁接收了秦嘉的部队，驻扎在胡陵，准备率军西进攻秦。秦将章邯率军到达栗县，项梁派别将朱鸡石、余樊君去迎战章邯。结果余樊君战死，朱鸡石战败逃回胡陵。项梁于是率领部队进入薛县，杀了朱鸡石。

项梁听从谋士范增的话，到民间寻找楚怀王的嫡孙熊心。这时熊心正在给人家牧羊，项梁找到他以后，就袭用他祖父的谥号立他为楚怀王，这是为了顺应楚国民众的愿望，有名正言顺之意。项梁自己号称武信君。过了几个月，项梁在东阿大败秦军以后，就去追击秦的败军。他多次派使者催促齐国发兵，想与齐军合兵西进。齐国因项梁不杀齐国叛将田角而始终不肯发兵帮助楚军。项梁自东阿出发西进，等来到定陶时，已两次打败秦军。宋义于是规谏项梁说：打了胜仗，将领就骄傲，士卒就怠惰，这样的军队一定要吃败仗。如今士卒有点怠惰了，而秦兵在一天天地增加，我替您担心啊！项梁不听，却派宋义出使齐国。宋义在路上遇见了齐国使者高陵君显，问道：你是要去见武信君吧？回答说是的。宋义说：依我看，武信君的军队必定要失败。您要是慢点儿走就可以免于身死，如果走快了就会赶上灾难。秦朝果然发动了全部兵力来增援章邯，攻击楚军，在定陶大败楚军，项梁战死。

项羽就出生并生活在这样的抗秦楚将的贵族家庭中，血管里流淌着担当道义、恭敬爱人的品质和精神。

第二节　重瞳少年

在项王故里的英风阁项羽雕像两侧，悬挂着著名书法家赵朴初先生书写的一副楹联，上联是“当年初破秦军诸侯将膝行而前莫敢仰视重瞳子”，下联是“垓下悲歌虞和拔山诗风旋不歇长留仁爱一杯羹”。上联中的“重瞳子”指的就是项羽。

重瞳子，可以说是史上对项羽的别称。什么是重瞳？就是一只眼睛里长着两个瞳仁，现代医学认为是一种眼疾，大多是白内障；但在古代却把重瞳视为帝王吉相，相传项羽就长有帝王吉相的重瞳。司马迁在《项羽本纪》里写道：“太史公曰：吾闻之周生曰，

项羽像（来自网络）

刘邦像（来自网络）

舜目盖重瞳子，又闻项羽亦重瞳子。羽岂其苗裔邪？”司马迁推测项羽是虞舜后代。其实，传说中国古代眼里有两个瞳仁的共有六个人，分别是仓颉、虞舜、项羽、晋文公、鱼俱罗、李煜，但其中要数虞舜和项羽的重瞳名气最大，直接以“重瞳子”作为他们的别称。

《史记》记载了项羽重瞳瞪眼的威力。项羽率兵破釜沉舟大败秦军后，各路诸侯军将跪着走过项羽面前，不敢仰视项羽。项羽在垓下带着二十八骑突围时，汉军大将追上项羽，项羽回身瞪大眼睛，汉军大将看到项羽的红色重瞳吓呆了。在冷兵器时代，项羽的重瞳令敌人胆颤怯阵。

重瞳少年项羽在梧桐巷里度过了童年时光，可以想见，身为世代楚将的后代，项羽身材魁梧，又长有一双重瞳，在当时的小伙伴里不说出类拔萃，也可说是与众不同。《项羽本纪》就记载：项羽少年时代，叔父项梁送他读书，他没学多少就厌倦读书而离开；后来项梁又教他武艺，没多久项羽又不学了，弄得项梁非常恼火，怒斥项羽不学无术。但是，项羽却说：书本知识只不过可以记录名姓而已，剑术也不过与一个人较量时有用，这些都不足学，我要学就学战胜万人的学识。于是项梁便教授项羽兵法，项羽非常喜欢。但项羽学了一段时间略知一二以后又不愿意学完，后人据此推断出项羽为一介武夫。其实项羽并非不读书，只是志向远大，不学雕虫小技而已。

那么，重瞳少年项羽能有多大的志向呢？在叔父项梁杀人带着他避仇吴中时，他一语泄露天机。有一次，统一中国后的秦始皇巡游会稽，渡浙江，沿途受到百姓围观，项羽跟着叔父项梁也一起挤在人群里观看。看到皇家仪仗浩浩荡荡，秦始皇万人之上，项羽不禁脱口而出说了句：我可以取代他！吓得项梁赶快用手捂住他的嘴，小声告诫他不要信口胡说，传出去会诛灭九族的。从此，项梁认为侄儿是个奇才。一句“彼可取而代之”，不顾诛灭九族的风险，流露出重瞳少年的远大志向。一语既出，连他叔父都害怕称奇了。要知道，秦国一统江山后强大到胡人不敢南下牧马、士不敢弯弓而抱怨，项羽放出大话，足见他勇气过人。

这不禁让人想起同时代的刘邦。也许就在秦始皇游会稽的同一次，地位卑下的刘邦远远看见了浩浩荡荡的秦始皇的巡游队伍，也脱口而出说：哎呀，大丈夫就应当这样啊！一个直言取而代之，一个羡慕不已却深藏不露。两个性格迥异的男人终于在人类历史上演绎出惊天地、泣鬼神的楚汉争霸活剧，成就了各自人生的辉煌，更留下了是非成败乃至人性优劣的臧否。

第三节 巨鹿之战

人类历史上以少胜多的经典战例很多，但中国古代能被世界战略家津津乐道的以少胜多之巨鹿、淝水、官渡、赤壁四大战例，首推项羽创造的巨鹿大战。

项羽23岁跟随叔父项梁起兵，屡立战功。楚军在定陶战败以后，楚怀王心里害怕，从盱眙前往彭城，合并项羽、吕臣的军队亲自统率。任命吕臣为司徒，吕臣的父亲吕青为令尹。任命沛公刘邦为砀郡长，封为武安侯，统率砀郡的军队。巨鹿大战前，项羽的军队驻扎在彭城西边，刘邦的军队驻扎在砀县。秦将章邯打败项梁军队以后，渡过黄河北进攻赵，大败赵军。这时候，赵歇为王，陈余为大将，张耳为国相，都逃进了巨鹿城。章邯命令王离、涉间包围了巨鹿，自己的军队驻扎在巨鹿南边，筑起两边有墙的甬道给他们输送粮草。陈余作为赵国的大将，率领几万名士卒驻扎在巨鹿北边，这就是所谓的河北军。

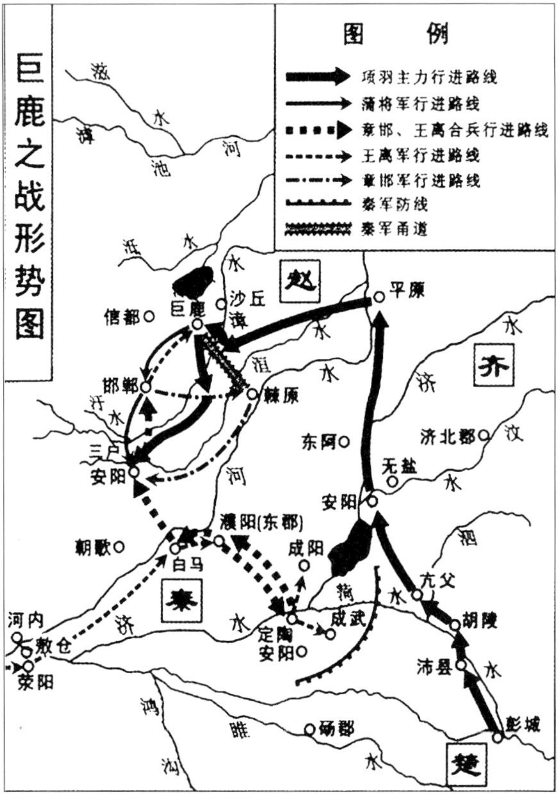

巨鹿之战形势图（来自网络）

由项梁扶持起来的楚怀王对项氏家族一直怀有提防之心。项梁战死后，所属军队应该归属项羽统帅，项羽接替叔父项梁帅印是军心所向，理所当然。但是，楚怀王先是亲自统帅楚军，然后又听信了齐国使者的话，任命毫无战功的宋义为统帅。先前宋义在路上遇见的那位齐国使者高陵君显正在楚军中，他求见楚王说宋义曾猜定武信君的军队必定失败，没过几天，就果然战败了。在军队没有打仗的时候，就能事先看出失败的征兆，这可以称得上是懂得用兵了。楚怀王于是召见宋义，跟他商议军中大事。宋义纸上谈兵，纵论天下，博得楚怀王赏识。楚怀王居然非常欣赏他，并且任命他为上将军，而让项羽任次将，范增任末将，派宋义率领楚军去援救赵国，其他各路将领都隶属于宋义。

宋义率领部队向北进发，抵达安阳，本可以解赵国围困，但宋义却停留46天不向前进。部将不知宋义是何意图，项羽代表大家向宋义讨要说法。项羽说：我听说秦军把赵王包围在巨鹿城内，我们应该赶快率兵渡过黄河，楚军从外面攻打，赵军在里面接应，打垮秦军是确定无疑的。宋义却摇头笑道：我认为并非

巨鹿之战雕塑（局部）

如此，能叮咬大牛的牛虻却损伤不了小小的虮虱。如今秦国攻打赵国，打胜了，士卒也会疲惫，我们就可以利用他们的疲惫；打不胜，我们就率领部队擂鼓西进，一定能歼灭秦军。所以，现在不如先让秦、赵两方相斗。宋义不仅为自己的坐山观虎斗的行为得意忘形，而且还进一步嘲讽项羽说：若论披坚甲执锐兵，勇战前线，我宋义比不上你；若论坐于军帐，运筹决策，你比不上我宋义。项羽屈居次将，又遭此污辱，心里着实愤愤不平。但出于大局考虑，项羽还是回到自己的军帐里。

宋义从项羽身上发现部下对他的雕虫小技不服，于是便通令全军凶猛如虎、违逆如羊、贪婪如狼，倔强不听指挥的，一律斩杀。意图用强权树立自己的威信，打压项羽的势力。宋义又派自己的儿子宋襄去齐国为相，亲自送到无盐，置备酒筵，大会宾客。宋义的企图明显已经另有他图了。当时天气寒冷，下着大雨，楚军士卒一个个又冷又饿。项羽对将士们说：我们大家是想齐心合力攻打秦军，宋义却久久停留不向前进。如今正赶上荒年，百姓贫困，将士们吃的是芋艿掺豆子，军中没有存粮，他竟然置备酒筵，大会宾客，不率领部队渡河去从赵国取得粮食，跟赵国合力攻秦，

项羽斩宋义（绘画）

破釜沉舟（绘画）

却说利用秦军的疲惫。凭着秦国那样强大去攻打刚刚建起的赵国，那形势必定是秦国攻占赵国。赵国被攻占，秦国就更加强大，到那时，还谈得上什么利用秦国的疲惫？再说，我们的军队刚刚打了败仗，怀王坐不安席，集中了境内全部兵卒粮饷交给上将军一个人，国家的安危，就在此一举了。可是上将军不体恤士卒，却派自己的儿子去齐国为相，谋取私利，这已不是国家真正的贤良之臣。部将纷纷表示支持项羽。项羽早晨去参见上将军宋义，就在军帐中斩下了他的头，出来向军中发令说：宋义和齐国同谋反楚，楚王密令我处死他。将领们无不拍手称快，同时都畏服项羽，没有谁敢抗拒，纷纷说，首先把楚国扶立起来的，是项将军家，如今又是将军诛灭了叛乱之臣。于是大家一起立项羽为代理上将军。项羽又派桓楚去向怀王报告。楚怀王被迫无奈，只好让项羽做了上将军，当阳君、蒲将军都归属项羽。

项羽夺回了本该属于项家的帅印，顿时威震楚国，名扬诸侯。他首先派遣当阳君、蒲将军率领 2 万人渡过漳河，援救赵国，取得了一些小的胜利，但仍未解赵国困局。赵国大将陈余又来请求增援，项羽就亲自率领全部军队前去救赵。大军来到漳河边，项羽指挥大军渡河。没有人知道他此时已做出了一个前无古人的决定。面对河那边60万以逸待劳的秦军，项羽率领的10万大军远师奔袭，无异于以卵击石，胜数几近于零。怎么办？项羽已经胸有成竹。等大军全部渡过漳河，项羽命令：把渡船全部沉入河底，把锅碗全部砸破，把军营全部烧毁，只带上3天的干粮，以此向士卒表示一定要决死战斗、义无反顾、绝无退还之心。这就是驰名中外的“破釜沉舟”。

项羽率领部队抵达前线，立即包围了秦将王离的军队，与秦军发生了多次遭遇战，阻断了秦军所筑甬道，大败秦军，杀了苏角，俘虏了王离。另一名秦将涉间拒不降楚，自焚而死。这时，楚军的强大居诸侯之首，前来援救巨鹿的诸侯各军在巨鹿周围筑起十几座营垒，但没有一个敢发兵出战。到楚军攻击秦军时，他们都只在营垒中观望。项羽率领的楚军战士无不以一当十，士兵们杀声震天，诸侯军人人战栗胆寒。项羽在打败秦军以后，迅速召见各路诸侯将领。当他们进入军门时，一个个都跪着用膝盖向前走，没有谁敢抬头仰视项羽。自此，项羽真正成了诸侯的上将军，各路诸侯都隶属于他。

巨鹿一战，彻底摧毁了秦国的军力。后人感叹：其兴也勃焉，其亡也忽焉。想那大秦雄师，气吞如虎，横扫六国，征讨四方，开拓了前所未有的疆域。然而短短15年后，泱泱大秦，毁于一旦。秦朝大厦倒塌之快，其内在外在有各种问题，但是给予大秦最沉重一击，使强悍的大秦再无能力开动其战争机器，无疑是项羽的天才之作——巨鹿之战。项羽用自己的勇敢和智慧，不仅为中国改变了历史，而且为人类历史献上了一个以少胜多的经典战例。

第四节　鸿门摆宴

项羽消灭了秦军主力后，就率领诸侯军向关中挺进。不料，刘邦军已经捷足先登，进入咸阳了。项羽带兵西行，要去夺取平定秦地。到了函谷关，关内有刘邦的士兵把守，没能进去。又听说刘邦已经攻下了咸阳，项羽非常生气。因为此前楚怀王与项羽和刘邦有个约定，谁先攻下咸阳谁就称王。项羽消灭了秦军，刘邦却乘虚而入抢先进入咸阳，而且在函谷关阻挡项羽前进。当时项羽率40万大军，刘邦仅有10万部卒。

西安临潼鸿门宴遗址

项羽就派当阳君等攻打函谷关，项羽这才进了关，一直到戏水之西，驻扎在新丰鸿门。当时，刘邦的军队驻扎在霸上，没能跟项羽相见。非常明显，共同伐秦的项羽和刘邦此时因为谁先入关称王产生了巨大分歧，并且有了微妙的心理变化。以巨鹿之功威震海内的项羽实力雄厚，理当称王；而捷足先登的刘邦尽管势力弱小，但又岂无称王之心？历史在这里像一出人性活剧，考量着当事双方的人性和智慧。围绕着项羽和刘邦产生的许多细节被后人演绎成了成败和人品的决定性因素，司马迁在《项羽本纪》中详细记载了项羽遇上刘邦的过程。

据《项羽本纪》记载，项羽大军逼近咸阳时，刘邦的左司马曹无伤派人告诉项羽：刘邦想在关中称王，让秦王子婴为相，珍奇宝物都占为己有了。曹无伤的话说出了刘邦的真实想法。项羽听了勃然大怒，通令下去，要求明天准备酒食，好好犒劳士卒，给我把刘邦的部队打垮！应当说，项羽此时击败刘邦天时地利，恰逢其时。加上项羽谋臣范增也劝项羽说：刘邦住在山东的时候，贪图财货，宠爱美女。现在进了关，财物什么都不取，美女也没亲近一个，看这势头他的志气可不小啊。我让人觇望他那边的云气，都呈现为龙虎之状，五色斑斓，这是天子的瑞气呀。希望您赶快进攻，不要错失良机！范增一席话又进一步坚定了项羽攻打刘邦的决心。

但是，历史往往会因为一个阴差阳错的细节而被改写。就在项羽犒劳士兵准备隔日攻打刘邦时，一个内奸却出卖了他，这就是与范增一样同为项羽帐下谋臣的项伯。

项伯也是项羽的叔父，一向与刘邦帐下的谋臣张良要好。项伯得到项羽打算攻打刘邦的消息后，居然不顾国家利益和血缘亲情，连夜驱马跑到刘邦军中，私下会见了张良，把事情全都告诉了他，想叫张良跟他一起离开，免得命丧项羽之手，不要跟刘邦一块儿送死。张良此时却不顾个人安危说：我是为韩王来护送刘邦的，刘邦如今情况危急，我若逃走就太不仁不义了，不能不把这个消息告诉他。张良于是进入军帐，把项伯的话全部告诉了刘邦。刘邦大为吃惊地问：该怎么办呢？张良问刘邦：是谁给您出的派兵守关这个主意的？刘邦说：是一个浅陋小人劝我说守住函谷关，不要让诸侯军进来，我就可以占据整个秦地称王了，所以我听了他的话。张良说：估计您的兵力敌得过项

鸿门宴实景雕塑

羽吗？刘邦沉默不语，过了一会说：当然敌不过，那怎么办呢？张良说：请让我前去告诉项伯，就说刘邦是不敢背叛项羽的。刘邦说：你怎么跟项伯有交情的呢？张良说：还是在秦朝的时候，我们就有交往，项伯杀了人，我使他免了死罪。如今情况危急，幸好他来告诉我。刘邦说：你们两人谁的年龄大？张良说：他比我大。刘邦说：你替我请他进来，我要像对待兄长一样侍奉他。张良出去请项伯。项伯进来与刘邦相见。刘邦捧着酒杯，向项伯献酒祝寿，又把女儿许配给项伯的儿子，定下了儿女婚姻。刘邦说：我进驻函谷关以后，连秋毫那样细小的东西都没敢动，登记了官民的户口，查封了各类仓库，只等着项将军到来。我所以派将守关，是为了防备其他盗贼窜入和意外的变故。我们日夜盼着项将军到来，哪里敢谋反啊！希望您详细转告项将军，我是绝不敢忘恩负义的。项伯答应了，对刘邦说：明天可千万要早点来向项羽道歉。刘邦说：好吧。于是项伯又趁夜色离开，回到军营中，把刘邦的话一一报告了项羽，接着又说：如果不是刘邦先攻破关中，您怎么敢进关呢？如今人家有大功反而要攻打人家，这是不符合道义的，不如就此好好对待他。

项羽居然答应了。

第二天一清早，刘邦带着100多名侍从人马来见项羽，到达鸿门，向项羽赔罪说：我跟将军合力攻秦，将军在河北作战，我在河南作战，却没想到我能先入关攻破秦，能够在这里又见到您。现在是有小人说了什么坏话，才使得将军和我之间产生了嫌隙。项羽说：是您的左司马曹无伤说的，不然，我怎么会这样？项羽当日就让刘邦留下一起喝酒。项羽、项伯面朝东坐，亚父面朝南坐。亚父也就是范增。刘邦面朝北坐，张良面朝西陪侍着。范增好几次给项羽递眼色，又好几次举起身上佩戴的玉块向他示意，项羽只是沉默着，没有反应。范增起身出去，叫来项庄，对他说：君王为人心肠太软，你进去上前献酒祝寿，然后请求舞剑，趁机刺击刘邦，把他杀死在坐席上。不然的话，你们这班人都将成为人家的俘虏啦。项庄进来，上前献酒祝寿。祝酒完毕，对项羽说：君王和刘邦饮酒，军营中没有什么可以娱乐的，就让我来舞剑吧。项羽说：那好。项庄就拔剑起舞，项伯也拔剑起舞，常常用身体掩护刘邦，项庄没有办法刺击刘邦。

见此情景，张良走到军门，找来樊哙。樊哙问：

今天的事情怎么样？张良说：很危急！现在项庄正在舞剑，他一直在打刘邦的主意呀！樊哙说：这么说太危险啦！让我进去，我要跟刘邦同生死！樊哙带着宝剑拿着盾牌就往军门里闯。交叉持戟的卫士想挡住不让他进去，樊哙侧过盾牌往前一撞，卫士们扑倒在地。樊哙于是闯进军门，挑开帷帐面朝西站定，睁圆眼睛怒视项羽，头发根根竖起，两边眼角都要睁裂了。项羽伸手握住宝剑，挺直身子，问：这位客人是干什么的？张良说是刘邦的护卫樊哙。项羽说：真是位壮士！赐他一杯酒！手下的人给他递上来一大杯酒。樊哙拜谢，起身站着喝了。项羽说：赐他一只猪肘！手下的人递过来一只整猪肘。樊哙把盾牌反扣在地上，把猪肘放在上面，拔出剑来边切边吃。项羽说：好一位壮士！还能再喝吗？樊哙说：我连死都不在乎，一杯酒又有什么可推辞的？那秦王有虎狼一样凶狠之心，杀人无数，好像唯恐杀不完；给人加刑，好像唯恐用不尽，天下人都叛离了他。怀王曾经和诸将约定说，先击败秦军进入咸阳，让他在关中为王。如今刘邦先击败秦军进入咸阳，连毫毛那么细小的财物都没敢动，封闭秦王宫室，把军队撤回到霸上，等待大王您的到来。特地派遣将士把守函谷关，为的是防备其他盗贼窜入和意外的变故。刘邦如此劳苦功高，没有得到封侯的赏赐，您反而听信小人的谗言，要杀害有功之人。这只能是走秦朝灭亡的老路，我私下认为大王您不会采取这种做法！一番话说得项羽无话回答，只是说：坐！坐！樊哙挨着张良坐下来。坐了一会儿，刘邦起身上厕所，顺便把樊哙叫了出来。

刘邦出来后，项羽派都尉陈平来叫刘邦。刘邦对樊哙说：现在我出来，没有来得及告辞，怎么办？樊哙说：干大事不必顾及小的礼节，讲大节无须躲避小的责备。如今人家好比是刀子砧板，而我们好比是鱼和肉，还告辞干什么？于是一行人离开那里，让张良留下来向项羽致歉。张良问：大王来的时候带了什么礼物？刘邦说：我拿来白璧一双，准备献给项羽；玉斗一对，准备献给亚父。正赶上他们发怒，没敢献上，您替我献上吧。张良说：遵命。这个时候，项羽部队驻扎在鸿门一带，刘邦的部队驻扎在霸上，相距四十里。刘邦扔下车马、侍从，脱身而走。他独自一人骑马，樊哙、夏侯婴、靳强、纪信等四人手持剑盾，跟在后面徒步奔跑，从骊山而下，顺着芷阳抄小路而行。刘邦临行前对张良说：从这条路到我们军营，超不过二十里。估计我们到了军营，您就进去。刘邦等一行离开鸿门，抄小路回到军营。张良进去致歉，说道：刘邦酒量不大，喝得多了点，不能跟大王告辞了，谨让臣下张良奉上白璧一双，恭敬地献给大王足下；玉斗一对，恭敬地献给大将军足下。项羽问道：刘邦在什么地方？张良答道：听说大王有意责怪他，他就脱身一个人走了，现在已经回到了军营。项羽接过白璧，放在座位上；亚父接过玉斗，扔在地上，拔出剑来砍碎了说：夺取项羽天下的，一定是刘邦了。我们这班人就要成为俘虏了！

这就是历史上众说纷纭、见仁见智的鸿门宴。项羽和刘邦所表现出的人性足以再说上千万年。

第五节　分封天下

尽管刘邦在鸿门宴上侥幸逃脱，但毕竟阻挡不住项羽踏进咸阳的脚步。过了几天，项羽率兵西进，开进了秦帝国首都咸阳城。至此，秦帝国土崩瓦解。

有人劝项羽说：关中这块地方，有山河为屏障，四方都有要塞，土地肥沃，可以建都成就霸业。但项羽看到秦朝宫室都被火烧得残破不堪，又思念家乡，就说：

项羽分封天下

富贵不回故乡，就像穿了锦绣衣裳而在黑夜中行走，别人谁知道呢？项羽派人向怀王禀报破关入秦的情况。怀王说：就按以前约定的那样，谁先占领咸阳谁就为王。于是项羽给怀王一个徒具虚名的尊贵称号叫“义帝”。项羽打算自己称王，就先封手下诸将相为王，并对他们说：天下发动起义之初，暂时立诸侯的后代为王，为的是讨伐秦朝。然而身披坚甲、手持利兵，带头起事，暴露山野，三年在外，灭掉秦朝，平定天下，都是靠各位将相和我项羽的力量啊。义帝虽说没有什么战功，但分给他土地让他做王，本来也是应该的。诸将都说好。于是就分封天下，立十八路诸将为侯王，自称西楚霸王。

熊心：楚王，义帝，郴县（今湖南郴州市）

项羽：鲁公，西楚霸王，彭城（今江苏徐州）

刘邦：汉中王，南郑（今陕西汉中）

章邯：秦降将，雍王，废丘（今陕西兴平南）

司马欣：秦降将，塞王，栎阳（今陕西西安市阎良区武屯镇官庄村与古城屯村之间）

董翳：秦降将，翟王，高奴（今陕西延安市东尹家沟）

魏豹：魏王，西魏王，平阳（今山西临汾西）

申阳：张耳部将，河南王，雒阳（今河南洛阳东）

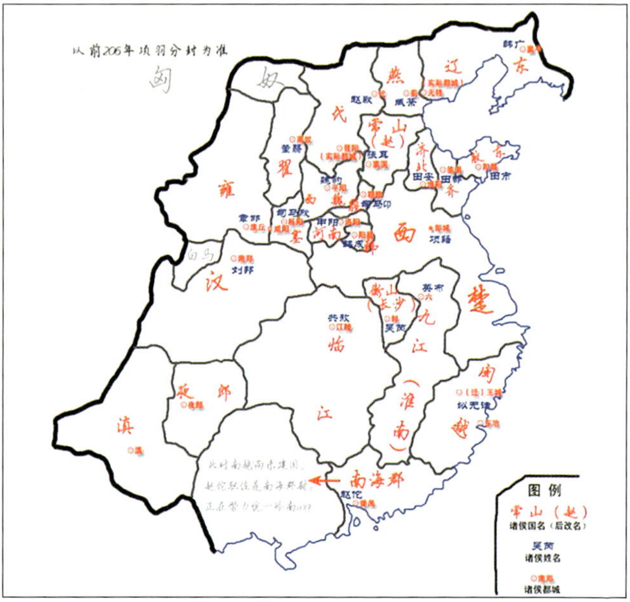

西楚霸王分封十八路诸侯图（来自网络）

韩成：韩王，韩王 ，阳翟（今河南禹县）

司马昂：赵将，殷王，朝歌（今河南淇县）

赵歇：赵王，代王，代县（今河北蔚县东北）

张耳：赵相，常山王，襄国（今河北邢台）

英布（黥布）：项羽部将，九江王，六县（今安徽六安北）

吴芮：楚将，衡山王，邾县（今湖北黄冈北）

共敖：楚柱国，临江王，江陵（今湖北江陵）

韩广：燕王，辽东王，无终（今天津蓟县）

臧荼：燕将，燕王，蓟县（今北京西南）

田市：齐王，胶东王，即墨（今山东平度南）

田安：项羽部将，济北王，博阳（今山东泰安东南）

田都：齐将，齐王，临淄（今山东临淄东）

从以上分封诸侯王看，项羽既考虑到论功行赏，又兼顾相互牵制，有利于自己统治。尤其是对虎视眈眈的刘邦更加防备，把刘邦封在巴蜀之地。因为那里道路险阻，曾是秦朝流放犯人的地方。同时又把关中分为三块，封秦朝三名降将为王，以阻断刘邦的东出之路。此举算是当时的上策。但世事难料，项羽哪里知道，刘邦统治的汉中巴蜀恰恰是天府之国，成就了

定都彭城（绘画）

刘邦夺取项氏天下。公元前 206 年 4 月，诸侯受封已毕，在大将军的旗帜下罢兵，分别前往各自的封国。项羽率领部下出了函谷关，来到自己的封国彭城（今徐州）称王，号令天下，威加海内。

第六节　项刘争雄

公元前 206 年 4 月，项羽分封了十八路诸侯，各路诸侯在大将军的旗帜下罢兵，分别前往各自的封国上任。项羽作为诸侯王中之王的霸王，也率领部下出了函谷关，来到自己的封地彭城。

但是，各路诸侯王各怀心思，楚怀王名存实亡，项羽统治的基础并不牢固，加上项羽不得不杀了楚怀王，废了韩王为侯，改封齐将田都为齐王，从而埋下了叛乱的种子。

田荣听说项羽改封齐王田市到胶东，而立齐将田都为齐王，非常愤怒，不肯把齐王迁往胶东，就占据了齐地，起而反楚，迎头攻击田都。田都逃往楚国，齐王田市害怕项王，偷偷向胶东逃去，奔赴封国。田荣发怒，就追赶他，把他杀死在即墨。田荣于是自立为齐王，又向西进攻并杀死济北王田安，全部统治了三齐之地。田荣把将军印授给彭越，让他在梁地反楚。陈余私下派张同、夏说劝齐王田荣说：项羽主持天下事不公道，现在把以前的诸侯王都封在坏地方，而把他自己的群臣诸将都封在好地方，驱逐了原来的君主赵王，让他往北徙居到代地，我认为这样是不合适的。听说大王您已起兵反楚，而且不听从项羽的不义之命，希望大王您接济我一部分兵力，让我去攻打常山，恢复赵王原有的地盘。我愿用我们的国土给你们齐国作屏障。齐王答应了，就派兵赴赵。陈余发动三县全部兵力，跟齐军合力攻打常山，把常山王打得大败。张耳逃走去归附刘邦。陈余从代地把原赵王歇接回赵国，赵王因此立陈余为代王。

这时候，刘邦率军顺原路返回关中，顺路平定了三秦。项羽听说刘邦已经兼并了关中，将要东进，齐国、赵国又都背叛了自己，非常生气。于是用以前的吴县令郑昌为韩王，抵挡汉军。命令萧公角等攻打彭越，彭越打败了萧公角等。刘邦派张良去夺取韩地，并送给项王一封信说：刘邦失去了做关中王的封职，所以想要得到关中，若能遵循以前的约定，就立即停下来，不再向东进。又把齐、梁二地的反叛书送给项王，说齐国想要跟赵国一起灭掉楚国。楚军因此就放弃了西进的打算，向北去攻打齐国了。项王向九江王黥布征调部队。黥布推托有病，不肯亲自去，只派部将率领几千人前往。项王因此怨恨黥布。汉二年冬天，项羽向北到达城阳，田荣也带领部队来与项羽决战。田荣没有打胜，逃到平原，平原的百姓把他杀了。项羽于是北进，夺取齐地直到北海。这时候，田荣的弟弟田横收集了齐军逃散的士卒共有几万人，在城阳反击楚军。项王因此而停下来，但一连打了几仗都没打下。

这一年春天，刘邦率领五个诸侯国的兵马共 56 万人，向东进兵讨伐楚国。项王听到这个消息，就命令诸将攻打齐国，他自己又率领精兵 3 万人向南从鲁县穿过胡陵。4 月，汉军已全部进入彭城，掳掠那里的财宝、美人，每天摆酒席大会宾客。项王引兵西行奔向萧县，从早晨开始，一边攻打汉军、一边向东推进，打到彭城，已是中午时分，把汉军打得大败。汉军四处逃散，前后相随掉进谷水、泗水，楚军杀了汉兵卒 10 多万人。汉兵向南逃入山地，楚军又追击到灵璧东面的睢水边上。汉军后退，由于楚军的逼挤，很多人被杀伤，汉军士卒 10 余万人都掉进了睢水，睢水因被堵塞都不向前流动了。楚军把刘邦里外围了三层。正在这个时候，狂风从西北方向刮起，摧折树木，掀毁房舍，飞沙走石，刮得天昏地暗，白天变成了黑夜，向着楚军迎面扑来。楚军大乱，队阵崩溃，这样，刘邦才得以带领几十名骑兵慌忙逃离战场。刘邦原打算从沛县经过，接取家眷向西逃，楚军也派人追到沛县，去抓刘邦的家眷；但刘邦家眷已经逃散，没有跟刘邦见面。刘邦在路上遇见了孝惠帝和鲁元公主（刘邦的儿子和女儿），就把他们带上车，一块儿西逃。楚军骑兵追赶刘邦，刘邦感到情况危急，就把儿子和女儿推落车下，滕公夏侯婴每次都下车把他俩重新扶上车，这样推下扶上有好几次。滕公对刘邦说：虽然情况危急，马也不能赶得再快，可是怎么能把他们扔掉呢？就这样，姐弟俩才得以脱险。刘邦等人到处寻找太公、吕后，没有找到。审食其跟随着太公、吕后抄小路走，也在寻找刘邦，却偏偏碰上了楚军。楚军就带着他们回来，向项王报告。项王一直把他们留置在军中当作人质。

楚军从彭城出发，一路上经常借着胜利的威势追击败逃的汉兵。可是在荥阳南面的京邑、索邑之间与汉军打了一仗，汉军打败了楚军，楚军因此不能越过

彭城大战

荥阳向西推进。刘邦驻扎在荥阳，筑起两边有墙的甬道，和黄河南岸相连接，用以取得敖仓的粮食。公元前204年，项王多次侵夺刘邦的甬道，刘邦粮食匮乏，心里恐慌，请求讲和，条件是把荥阳以西的地盘划归刘邦。项王打算接受这个条件。历阳侯范增说：汉军容易对付了，如果现在把它放走而不征服它，以后一定会后悔的！项王和范增立即包围了荥阳。刘邦很担心，就用陈平的计策离间项王。项王的使者来了，刘邦让人准备了特别丰盛的酒筵，端过来刚要进献，一见使者又装作惊愕的样子说道：我们以为是亚父的使者，没想到却是项王的使者。把酒筵重又撤回，拿来粗劣的饭食给项王使者吃。使者回去向项王报告，项王竟真的怀疑范增和刘邦有私情，渐渐地把他的权力剥夺了。范增非常气愤，说：天下事大局已定，君王您自己看着办吧。希望您把这把老骨头赐还给我，让我回乡为民吧。项王答应了他的请求。范增启程走了，还没走到彭城，由于背上毒疮发作而身亡。汉将纪信给刘邦出主意说：形势危急，请让我假扮成大王去替您诓骗楚兵，您可以趁机逃走。于是刘邦趁夜从荥阳东门放出2000名身披铠甲的女子，楚兵立即从四面围打上去。纪信乘坐着天子所乘的黄屋车，车辕横木左方插着用羽毛装饰的旗帜，说城中粮食已经吃光，刘邦投降了。楚军一起欢呼万岁。刘邦这时也带着几十名骑兵从城的西门逃出，逃到成皋。项王见到纪信，问道：刘邦在哪儿？纪信说刘邦已经出城。

刘邦逃出荥阳后，向南跑到宛县、叶县，遇到九江王黥布，一边行进、一边收集士兵，重又进入成皋，守在那里。公元前203年，项王进兵包围城皋。刘邦逃走，一个人带着儿子、滕公出了成皋北门，渡过黄河，逃向修武，去投奔张耳、韩信的部队。诸将也陆续逃出成皋，追随刘邦。楚军因此拿下成皋，想要西进。刘邦派兵在巩县抵抗，阻断了楚军西进的去路。

这时候，彭越渡过黄河，在东阿攻打楚军，杀了楚国将军薛公。项王于是亲自率兵东进攻打彭越。刘邦得到淮阴侯的部队，想要渡黄河南进。郑忠劝阻刘邦，刘邦才停止南进，在黄河北岸修筑营垒驻扎下来。刘邦派刘贾率兵去增援彭越，烧毁了楚军的粮草辎重。项王继续东进，打败了刘贾，赶跑了彭越。刘邦这时就率领部队渡过黄河，又拿下了成皋，在西广武扎营，就近取食敖仓的粮食。项王东击彭越，打败了刘贾，已经平定了东方，现在又回过头来西进，在东广武与汉军隔着广武涧扎下营来。两军各自坚守，持续了好几个月。

就在这个时候，彭越几次往返梁地，断绝了楚军的粮食，项王为此深感忧虑。他做了一张高腿案板，把刘邦父亲太公搁置在上面，向刘邦宣告说：现在你如果不赶快投降，我就把太公煮死。刘邦说：我和项羽作为臣子一块接受了怀王的命令，曾相约结为兄弟。这样说来，我的老子也就是你的老子，如果你一定要煮了你的老子，就希望你能分给我一杯肉汤。项王大怒，要杀太公。项伯说：天下事还不知道怎么样，再说要夺天下的人是不顾及家的，即使杀了他也不会有什么好处，只会增加祸患罢了。项王听从了项伯的话。

楚汉长久相持，胜负未决。年轻人厌倦了长期的军旅生活，老弱也因水陆运输而十分疲惫。项王对刘邦说：天下纷纷乱乱好几年，只是因为我们两人的缘故。我希望跟你挑战，决一雌雄，再不要让百姓老老小小白白地受苦啦。刘邦笑着回绝说：我宁愿斗智，不能斗力。项王让勇士出营挑战，汉军有善于骑射的楼烦，楚兵挑战好几次，楼烦每次都把他们射死。项王大怒，

鸿沟遗址

楚汉罢兵（绘画）

项羽义释敌父

就亲自披甲持戟出营挑战。楼烦搭箭正要射，项王瞪大眼睛向他大吼一声，楼烦吓得眼睛不敢正视，两只手不敢放箭，转身逃回营垒，不敢再出来。刘邦派人私下打听，才知道原来是项王。刘邦大为吃惊。这时项王就向刘邦那边靠近，分别站在广武涧东西两边互相对话。刘邦一桩一桩地列举了项王的罪状，项王很生气，要和刘邦决一死战。刘邦不听，项王埋伏下的弓箭手射中了刘邦。刘邦受了伤，跑进成皋。

公元前 202 年，刘邦派陆贾去劝说项王，要求放回太公，项王不答应。刘邦又派侯公去劝说项王，项王才跟刘邦定约，平分天下，鸿沟以西的地方划归汉，鸿沟以东的地方划归楚。项王同意了这个条件之后，立即放回了刘邦的家属。汉军官兵都呼喊万岁。项王定约后，就带上队伍罢兵东归了。

第七节　垓下脱困

公元前 202 年，就在项羽撤兵东进时，正准备西归的刘邦听从了张良、陈平的建议，立即撕毁和约，率部追赶项羽到阳夏南边，让部队驻扎下来，并和淮阴侯韩信、建成侯彭越约好日期会合，共同攻打楚军。

汉军到达固陵，而韩信、彭越的部队没有来会合。楚军攻打汉军，把汉军打得大败。刘邦又逃回营垒，掘深壕沟坚守。刘邦问张良道：诸侯不遵守约定，怎么办？张良回答说：楚军快被打垮了，韩信和彭越还没有得到分封的地盘，所以，他们不来是很自然的。君王如果能和他们共分天下，就可以让他们立刻前来。如果不能，形势就难以预料了。君王如果把从陈县以东到海滨一带的地方都给韩信，把睢阳以北到谷城的地方给彭越，使他们各自为自己而战，楚军就容易打败了。刘邦说：好。于是派出使者告诉韩信、彭越说：你们跟刘邦合力击楚，打败楚军之后，从陈县往东至海滨一带地方给齐王，睢阳以北至谷城的地方给彭相国。使者到达之后，韩信、彭越都说：我们今天就带兵出发。于是韩信从齐国起程，刘贾的部队从寿春和他同时进发，屠戮了城父，到达垓下。大司马周殷叛离楚王，以舒县的兵力屠戮了六县，发动九江兵力，随同刘贾、彭越一起会师在垓下，逼向项王。

项王的部队在垓下修筑了营垒，兵少粮尽，汉军及诸侯兵把他团团包围了好几层。深夜，听到汉军在四面唱着楚地的歌，项王大为吃惊，说：难道汉军已经完

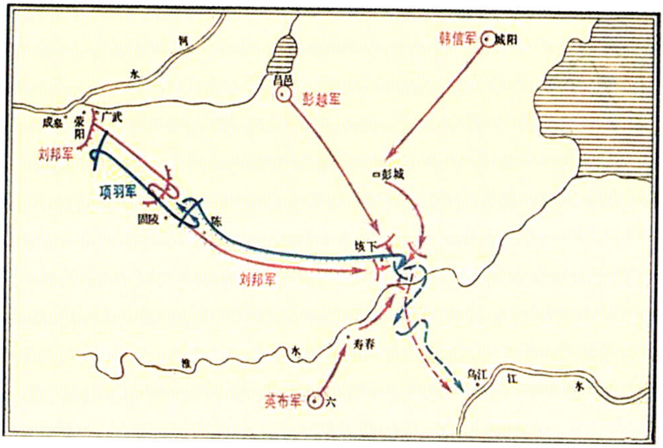

垓下之战示意图（来自网络）

全取得了楚地？怎么楚国人这么多呢？项王连夜起来，在帐中饮酒。有美人名虞，一直受宠跟在项王身边；有骏马名骓，项王一直骑着。这时候，项王不禁慷慨悲歌，自己作诗吟唱道：力量能拔山啊，英雄气概举世无双，时运不济呀，骓马不再往前闯！骓马不往前闯啊可怎么办？虞姬呀虞姬，怎么安排你呀才妥当？项王唱了几遍，美人虞姬在一旁应和。项王眼泪一道道流下来，左右侍者也都跟着落泪，没有一个人能抬起头来看他。于是项王骑上马，部下壮士800多人骑马跟在后面，趁夜突破重围，向南冲出，飞驰而逃。天快亮的时候，汉军才发觉，命令骑将灌婴带领5000骑兵去追赶。项王渡过淮河，部下壮士能跟上的只剩下100多人了。项王到达阴陵，迷了路，去问一个农夫，农夫骗他说向左边走。项王带人向左，陷进了大沼泽地中；因此，汉兵追上了他们。项王又带着骑兵向东，到达东城，这时就只剩下28人。汉军骑兵追赶上来的有几千人。项王自己估计不能逃脱了，对他的骑兵说：我带兵起义至今已经8年，亲自打了70多仗，我所抵挡的敌人都被打垮，我所攻击的敌人无不降服，从来没有失败过，因而能够称霸，据有天下。可是如今终于被困在这里，这是上天要灭亡我，绝不是作战的过错。今天肯定得决心战死了，我愿意给诸位打个痛痛快快的仗，一定胜他三回，给诸位冲破重围，斩杀汉将，砍倒军旗，让诸位知道的确是上天要灭亡我，绝不是作战的过错。于是把骑兵分成四队，面朝四个方向。汉军把他们包围起几层。项王对骑兵们说：我来给你们拿下一员汉将！命令四面骑士驱马飞奔而下，约定冲到山的东边，分作三处集合。于是项王高声呼喊着冲了下去，汉军像草木随风倒伏一样溃败了，项王杀掉了一名汉将。这时，赤泉侯杨喜为汉军骑将，在后面追赶项王。项王瞪大眼睛呵叱他，赤泉侯连人带马都吓坏了，倒退了好几里。项王与他的骑兵在三处会合了。汉军不知项王的去向，就把部队分为三路，再次包围上来。项王驱马冲了上去，又斩了一名汉军都尉，杀死了百八十人，聚拢骑兵，仅仅损失了两个人。项王问骑兵们道：怎么样？骑兵们都敬服地说：正像大王说的那样。

第八节　乌江成仁

项王想要向东渡过乌江。乌江亭长正停船靠岸等在那里，对项王说：江东虽然小，但土地纵横各有一千

和县霸王祠

里，民众有几十万，也足够称王啦。希望大王快快渡江，现在只有我这儿有船，汉军到了，没法渡过去。项王笑了笑说：上天要灭亡我，我还渡乌江干什么？再说我和江东子弟八千人渡江西征，如今没有一个人回来，纵使江东父老兄弟怜爱我让我做王，我又有什么脸面去见他们？纵使他们不说什么，我项羽难道心中没有愧吗？于是对亭长说：我知道您是位忠厚长者，我骑着这匹马征战了5年，所向无敌，曾经日行千里，我不忍心杀掉它，把它送给您吧。命令骑兵都下马步行，手持短兵器与追兵交战。光项羽一个人就杀掉汉军几百人，项王身上也有十几处负伤。项王回头看见汉军骑司马吕马童，说：你不是我的老相识吗？马童这时才跟项王打了个对脸儿，于是指给王翳说：这就是项王。项王说：我听说刘邦用黄金千斤、封邑万户悬赏我的脑袋，我就把这份好处送你吧！说完，自刎而死。王翳拿下项王的头，其他骑兵互相践踏争抢项王的躯体，由于相争而被杀死的有几十人。最后，郎中骑将杨喜、骑司马吕马童、郎中吕胜、杨武各争得一个肢体。五人到一块把肢体拼合，正好都对。因此，把项羽的土地分成五块：封吕马童为中水侯，封王翳为杜衍侯，

不渡江东，心系黎民
Not crossing to Jiangdong
concerning about people

项羽不渡江东

封杨喜为赤泉侯，封杨武为吴防侯，封吕胜为涅阳侯。

项王已死，楚地全都投降了刘邦，只有鲁县不降服。刘邦率领天下之兵想要屠戮鲁城，但考虑到他们恪守礼义，为君主守节不惜一死，就拿着项王的头给鲁人看，鲁地父老这才投降。当初，楚怀王封项籍为鲁公，等他死后，鲁国又最后投降，所以，按照鲁公这一封号的礼仪把项王安葬在谷城。刘邦给他发丧，哭了一通后才离去。

一个盖世英雄在人生的舞台上辉煌谢幕了，但他的不朽传奇才刚刚开始，伴随着时代发展传扬开去。

第二章 品项羽文化

项羽，像一道闪电般出现在人类历史的舞台上，却日月一般永远闪耀在人类历史的天空。在中华文化乃至世界文化中，项羽都称得上是一个非常奇特的文化现象。因其奇特，所以才有魅力。因其奇怪，所以才有生命力。由项羽一人创造并经后人不断丰富的项羽文化承载着人类许多美好情感和价值追求。项羽文化的实质是英雄文化。任何一个时代，任何一个国家，都有自己的英雄。没有英雄的国家和民族是没有希望的，每一个国家和民族都应当有自己的英雄。英雄身上所凝聚的民族情感、国家意志、价值认同和情感认同，成为孕育并激发英雄主义和爱国主义的不竭动力。国家和民族对英雄的历史认同、价值认同和情感认同形成了英雄文化。英雄文化是一个民族的灵魂防线和精神长城，崇尚英雄和英雄文化对于实现中华民族伟大复兴的中国梦具有强烈的现实意义和深远的历史意义。项羽是古代英雄的杰出典型，人类历史上有许多文化现象昙花一现，而项羽文化却保持着旺盛的持久活力。项羽和项羽文化在漫长的人类历史上奠定了独特的历史地位。

第一节　形成背景

项羽文化的形成具有久远的历史背景和深厚的社会土壤。楚人的祖先来自中原，为华夏族南迁的一支，从周成王分封熊绎于楚蛮之地起，到最后一位国君负刍，楚国历经800多年。不仅给楚地带去了华夏文明的先进因素，而且在中原文化的基础上缓慢向前发展为独具特色的楚文化，涌现出老子、屈原、项羽一哲一文一武最具楚文化代表性的标志性人物文化现象。在中华文明史上，由中原文化与南越文化融合发展起来的楚文化，具有鲜明的特质，是一个范围最为广泛、历史最为悠久、影响最为深远的地域文化。项羽文化无疑是楚文化的典型代表和最后一座高峰。

一、楚文化

追溯项羽文化的源头，不能不从楚国说起。

楚国（前1027—223年），是先秦时期位于长江流域的诸侯国，国君为芈姓、熊氏。周成王时期，封楚人首领熊绎为子爵，建立楚国。楚国在周文、武之世开始崛起，奄有江汉，史称“大启群蛮”。公元前704年，熊通僭越称王，是为楚武王。楚成王时，楚国在令尹子文的治理下更显强盛。楚庄王时，任用虞邱子、孙叔敖等贤臣，问鼎中原，邲之战大败晋国而称霸，开创春秋时期楚国最鼎盛的时代。进入战国，楚悼王任用吴起变法，一时间兵强马壮，初露称雄之势。楚宣王、楚威王时期，疆土西起大巴山、巫山、武陵山，东至大海，南起南岭，北至今河南中部、安徽和江苏北部、陕西东南部、山东西南部，幅员广阔。楚国至此进入了最鼎盛时期。楚怀王时期灭越国，但因为怀王用人不当以及秦相张仪欺诈导致国势渐衰。公元前223年，秦军攻破楚都寿春，楚国灭亡。公元前209年，楚地起义军将领项梁起事，在薛城立楚怀王的孙子熊

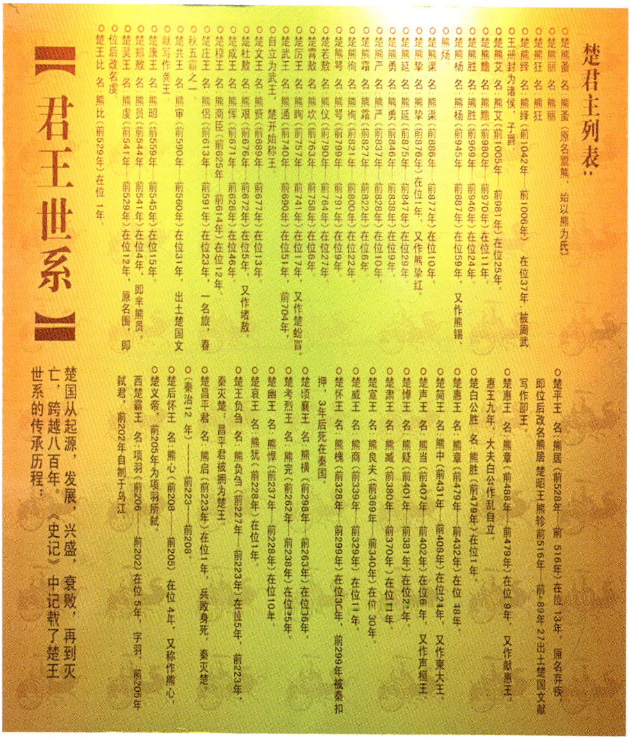

800 年楚国历代君主年表

楚人图腾——凤和龙

楚服

心为新“楚怀王”，重新建立楚国，后项羽自立为西楚霸王，派人杀死楚怀王熊心。项羽在楚汉战争中兵败自杀，刘邦建立汉朝。

历经800多年的楚国逐渐形成了范围广泛、历史悠久、影响深远的楚文化。伴随着国力的兴衰，楚文化经历了萌芽期、成长期，鼎盛期，衰落期四个阶段。项羽虽然出生于楚文化的衰落期，但楚文化对他的影响不可低估。

1. 萌芽期

公元前1027年至公元前741年，计约286年。当时楚国的封地狭小，环境恶劣，熊绎带领楚人进行了艰苦卓绝的创业。楚国由弱变强，逐步摆脱了周王室的束缚，走上独立发展的道路；但楚国的国力还没有真正达到与周王朝抗衡的实力。在这一时期，楚国完成了由原始社会向奴隶社会的转变，在兼采华夏文化和蛮夷文化之长的基础上，开始创造自己的特色文化。此时的楚文化与华夏文化尚没有明显而重大的区别，尤其是陶器、青铜器等物质文化方面，但楚文化又毕竟显示出了一些自己的特性。崇火崇凤好巫、开拓进取、不拘礼法、爱标新立异等特点为后来楚文化的发展奠

鼎盛时期楚国疆域版图

定了基础。

2. 成长期

公元前740年至公元前504年，计约236年。楚国的君王熊通自命为王，谥号就是楚武王。楚文王继位之后，迁都济南城，此后共有20代楚王定都于此。春秋战国时期，楚郢都城成为中国南方的政治经济与文化的中心。楚文王之后的楚成王和楚穆王开始逐鹿中原，楚庄王饮马黄河问鼎中原，一举打败了当时的强国晋国，成功地跻身于春秋五霸之列。楚国的经济发展对文化起到了极大的推动作用。楚文化开始表现出它自身的一些特色，表现在各个方面。从社会形态上看，农奴制布满了楚国各个县邑，奴隶制相反没有得到充分的发展。在民族政策上，楚人把自己定位于夷夏之间，实行抚夷属夏的国策。对于所灭之国，楚人的做法是迁其公室，存其宗庙，县其疆土，抚其臣民，用其贤能，而不以俘掠奴隶为好。从官制上看，楚官多称尹，从中央到地方，少有例外；在行政建制上，楚国首创县制，后为各国效仿；在兵制上，称谓、建制也与中原多异。这些大的文化背景已经充分昭示了楚文化的个性与气魄，楚文化也由此逐渐成熟起来。此时出现了以老子

楚国漆器

楚国青铜器

为代表楚文化的第一座高峰。

3. 鼎盛期

公元前505年至公元前278年，计约227年。楚国以江汉平原为中心，社会生产蓬勃发展，政治局势迅速改观。到战国早中期，楚国在北面与中原诸国争雄，时有进退；西北、西南分别防御秦与巴蜀而主要是来自秦的威胁，以秦岭、巫山山脉相阻隔，并分别设立了汉中、黔中、巫郡等；东面是楚国发展相对比较顺利的方向，其军队多次出入齐鲁国境，并直至海滨，但战争频繁，建设难以连续持久；南面主要是蛮夷之邦，楚人沿洞庭湖两侧南进，直到五岭，这一区域基本没有大的战争，政局稳定，楚文化也得以持续发展，并趋于鼎盛。

此时，青铜器生产登峰造极，铁器普遍推广，丝织刺绣兴旺发达，漆器木器应运而生，城市建设欣欣向荣，物质文化可算是达到了顶点。与成长期明显不同的是，鼎盛期的楚国精神文化大放异彩，给予后世巨大的启迪，从哲学到文学，从字画到乐舞，无不独领风骚，彪炳千秋。更为主要的是，楚人的政治社会体制、民族文化心理、日常生活方式等趋于成熟定型，

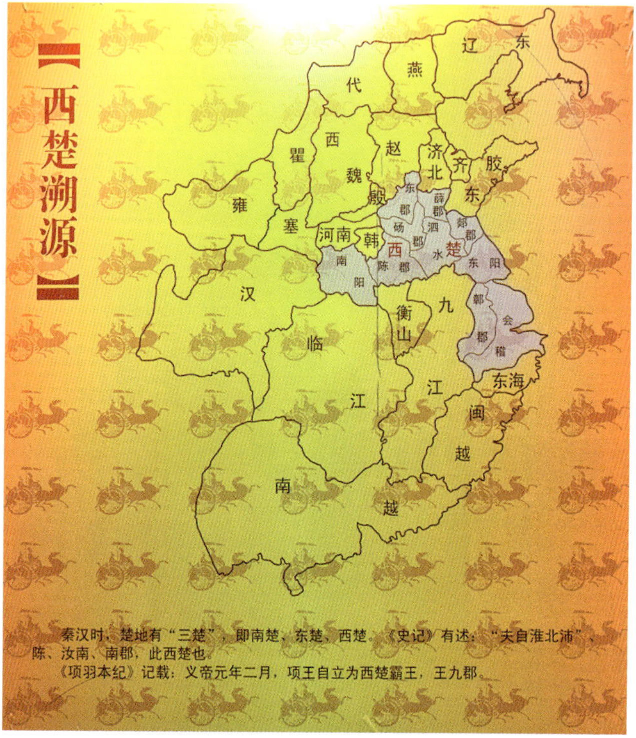
西楚溯源
东
辽
燕
代
西
魏
赵
济北
齐
胶东
瞿
雍
塞
殷
河南
韩
东郡
薛郡
砀郡
泗水
郯郡
西楚
东阳
南阳
陈郡
汉
衡山
九江
鄣郡
会稽
临江
东海
闽越
南越
秦汉时，楚地有“三楚”，即南楚、东楚、西楚。《史记》有述：“夫自淮北沛”、陈、汝南、南郡，此西楚也。
《项羽本纪》记载：义帝元年二月，项王自立为西楚霸王，王九郡。

楚国版图

使楚文化真正成了独特的区域文化，千百年来为人们津津乐道。此时出现了以屈原为代表的第二座楚文化高峰。

4. 衰落期

公元前 277 年至公元前 223 年，计约 55 年。这一时期楚国政治腐败，思想保守，经济上又因国土的沦丧受到了惨重的打击，丢掉了赖以发展和昌盛的坚实基础的楚文化逐渐失去往日的辉煌。公元前 223 年，秦国灭掉了楚国，并排斥楚文化，使楚文化遭受重大打击。但楚文化的精神因素方面远比物质因素方面根深蒂固，因此楚文化虽被打而不倒。秦末，楚人项羽大兴楚文化，使楚文化有复兴之势，但离开了物质文化根基的楚文化终究是不可能沿着自己的道路发展下去的。汉武帝独尊儒术后，自成体系的楚文化不复存在，但楚文化的某些因子却与传统中原文化一样，成为新的汉文化的组成部分。至此，南北文化相互交融，彼此促进，共同创造着中华民族的灿烂文明。但楚文化的影响却深远而又持久。

公元前 232 年出生的项羽和他创造的项羽文化成为楚文化的最后绝响和最后一座高峰，伴随着中华文

编钟

明如日月星辰，光耀中华，似江河奔流，泽被大地，绵延千年，日益昌隆。

二、西楚文化

楚国有南楚、东楚和西楚之说。南楚：十二世熊通自立为楚武王之后，楚国扩张，占领两湖、河南南部、安徽西南、江西等地区。整个春秋时期，由于楚国位于中原南部，所以中原各国称其为“南楚”。东楚：战国时期，楚威王熊商灭越，占领现浙江、江苏（徐州除外）两省。这块新的领土，由于在故地东面，所以楚人称之为“东楚”。西楚：战国后期楚怀王熊槐，举兵破魏、伐齐、灭鲁国，势力范围越过徐州，直抵齐鲁大地。这块地区由于位于东楚的西面，所以叫西楚。

由此可见，从地域上看，西楚作为一个区域，是楚国的一个重要组成部分，是楚国后期版图的扩张。从时代上看，西楚早先不是一个朝代，诞生于楚国鼎盛末期，属于楚国的一个时期；而作为一个朝代确立西楚历史地位的是统辖九郡的西楚霸王——项羽。从文化上看，西楚文化既是楚文化一脉相承的一个重要组成部分，更是楚文化的延续和光大。严格意义上说，历史上没有独立的西楚文化，西楚文化的精髓就是项羽文化。

从时间维度考察，西楚之地进入楚国版图和西楚文化作为楚文化一个重要组成部分，历经100多年，大致分为鼎盛期、衰败期和复兴期三个阶段。

1. 鼎盛期

公元前329年至公元前278年，计约51年。此时处于楚文化鼎盛期的末期。楚威王十一年（前329年），楚威王卒，子熊槐立，是为楚怀王。楚怀王即位后，开始重用屈原等大臣，针对主要弊政进行一系列的革新，却引来楚国贵族一致性的反对。日久，难以抵挡反对声浪的楚怀王遂意兴阑珊，变法终告失败。秦国东进，韩魏屈服，秦齐矛盾已上升为主要矛盾。秦国准备对齐国发起进攻，但这时正值楚结齐，齐楚“方欢”、“交善”，秦惠文王很忧虑，与张仪商量对策。张仪自告奋勇，前往楚国游说，以献商於之地六百里为条件，要楚怀王“闭关绝齐”。待楚齐绝交后，张仪只承认献地六里。楚怀王见受到欺诈，恼怒至极，举兵伐秦，结果惨败。这就是中国古代史上著名的张仪“诈楚”事件。楚怀王十七年（公元前312年），楚秦间的大战全面展开，秦大胜，斩首八万。又攻楚之汉中，取地六百里，仿楚制，亦设置汉中郡。楚怀王十八年（公元前 311 年），秦又攻楚，攻取了召陵，楚国无力还击。楚怀王三十年（公元前 299 年），楚怀王被秦昭襄王骗去秦国，客死咸阳，楚国国势迅速衰弱。楚顷襄王时代，秦国多次伐楚，拔西陵、巫、黔中等地，于公元前 278 年攻入楚都郢城，烧毁夷陵。

2. 衰败期

公元前 277 年至公元前 223 年，计约 54 年。公元前 278 年，秦昭襄王诈以公主许配给楚顷襄王。秦军趁顷襄王开城迎亲，长驱直进，攻入楚都郢。屈原投河自尽。顷襄王其后迁都于陈，楚国西北领土尽失。前 263 年秋，顷襄王去世。楚考烈王继位，任用春申君为令尹，春申君派兵助赵国解邯郸之围，又领兵灭鲁国，楚国一度复兴。公元前 241 年，春申君组织东方国家最后一次合纵，但被秦军所败，楚考烈王怕秦国报复，再次迁都至更东面的寿春。公元前 238 年，楚考烈王死后，春申君门客李园发动政变杀害春申君，楚国国力更加一蹶不振。秦王嬴政亲政后，知楚将项燕擅战，先遣李信为将，领 20 万兵马，欲灭楚，败，被入两壁，杀七都尉。再遣老将王翦，统秦师 60 万，相持一年。

前223年，大败楚军，俘虏楚君负。项燕扶持的熊启也很快被俘杀，绵延800多年的楚国宣告灭亡。秦于公元前221年统一中国。此时诞生了我国伟大的爱国诗人屈原，成为楚文化历史上又一座丰碑。

3. 复兴期

公元前223年至公元前202年，计约21年。楚虽三户，亡秦必楚。公元前232年，楚将项燕之孙项羽出生，亲身经历了楚国衰亡，跟随叔父避乱江东。公元前209年，楚人陈胜和项梁起义，点燃复楚战火。项羽率领抗秦大军经过三年浴血奋战，一举推翻秦王朝，并于公元前206年分封诸侯，杀怀王，自立西楚霸王，定都彭城，辖西楚九郡。西楚和郡自古至今考古者说法不一，据姚鼐《项羽九郡考》的说法，梁地二郡：砀郡、东郡；楚地七郡：陈郡、薛郡、泗水郡、东海郡、东阳郡、鄣郡、会稽郡，合计九郡（见《惜抱轩文集》卷2）。其九郡所辖之域约今河南省东部、山东省西南部、安徽省淮北及江南部分、江苏省全部、上海市全部和浙江省大部分地区。西楚文化得以短暂复兴。但在随后5年的楚汉战争中，项羽最终以楚人独有的方式结束了一个西楚王朝，西楚作为版图于公元前201年后就已不复存在。但以项羽文化为灵魂的西楚文化作为中华民族优秀文化的组成部分却长久地保留了下来，并在与汉文化的融合后汇成中华文明的汪洋大海。

三、楚文化对项羽的影响

在构成中华文化众多区域文化中，楚文化以其鲜明的特征得以保留并且影响深远。它与同一时期诞生的古希腊文化一东一西，遥相呼应，竞相争辉，一同登上世界古文明的辉煌殿堂。楚文化的主要构成可概括为七大支柱：青铜文化、丝织文化、漆器文化、音乐文化、老庄文化、屈原文化、项羽文化。楚文化的艰苦创业、尚武爱国、诚信尚义、敢为人先、开放包容等精神特质对项羽产生了重要影响。

1. 艰苦创业精神

探寻楚人先辈艰苦创业的历程，可以追溯到公元前 11 世纪。夏商更替之际，战火连年，楚人先祖辗转迁徙到了荆楚地区。到西周末年，楚人还是一个弱小的部落。熊绎成为部落首领后，率部族居江上楚蛮之地，“荜路蓝缕，以启山林”。正是这种荜路蓝缕的精神成为楚国强盛的立国之本，也成为中华民族史上艰苦创业的典范。周初，周成王盟会诸侯，熊绎出使受到冷遇。熊绎回来后告之群臣，立志发奋图强，发展生产，扩大疆土。通过几代人的努力，从熊绎到熊渠，疆域不断扩展，国力不断增强，由一个方圆不足百里的小国发展成泱泱大国。春秋时期，楚庄王饮马黄河，问鼎中原。楚国经济得到空前发展，当时楚国都城是“车毂击，民肩摩，市路相排突，号曰朝衣鲜而暮衣敝”。正是凭着艰苦创业的精神，楚国才能在强国如林的夹缝中求生存、求发展，由小到大、由弱变强，创造了先秦发展史上的奇迹。在楚国灭亡后，作为贵族后代的项羽家道中落，沦为一介草民，骨子里就有一种不服输的劲头，决心为复兴楚国的辉煌献身。他白手起家，跟随叔父起兵抗秦，不畏艰难险阻，开创了亡秦必楚的雄伟大业。

2. 尚武爱国精神

楚人有尚武之风。楚地人颇劲悍轻剽，其士子则挟任节气。楚人普遍喜欢佩剑。屈原在《国殇》中写道：“出不入兮往不返，平原忽兮路迢远。带长剑兮挟秦弓，首身离兮心不惩。诚既勇兮又以武，终刚强兮不可凌。身既死兮神以灵，魂魄毅兮为鬼雄！”楚国从小到大，由弱变强，依靠的是武力征服。武王亲自训练军队，使用新的武器，他三次伐随，病死在征途；文王伐黄，病死在凯旋路上；庄王每次都是亲临一线，败敌国便胆颤心惊。楚国实行军功赐爵赏四制度，破军杀将者“其官为上柱国……”。由此可见，这种制度对于鼓励将士作战并夺取胜利，其作用之大。尚武的终极目标是爱国，在丰富的楚文化中，有很多例子反映了楚人的爱国精神。如申包胥为了求得秦国发兵救楚，在秦国朝廷中哭了7天7夜，终于感动了秦王；楚将屈瑕战败，感到对不起家乡父老，以死谢罪，开了楚国将帅以身殉职的先河；楚武王、楚文王、楚庄王、楚共王等都身先士卒，亲临战阵之中，体现了非常坚定的爱国主义精神。更有代表性的是屈原，屈原有这样的诗句：“鸟飞返故乡兮，狐死必首丘。”项羽祖父项燕看到楚国灭亡，自刎徇国，激发起项羽的勇武和爱国之气。项羽从小一人敌不学，学万人敌。率领江东八千子弟起兵后，项羽无不身先士卒，冲锋陷阵，勇猛无敌。夺取天下后称衣锦不还乡如锦衣夜行，自立为西楚霸王。项羽的这种尚武爱国的精神，超越了时空，融入到中华民族的血脉之中，代代相传。

3. 诚信尚义精神

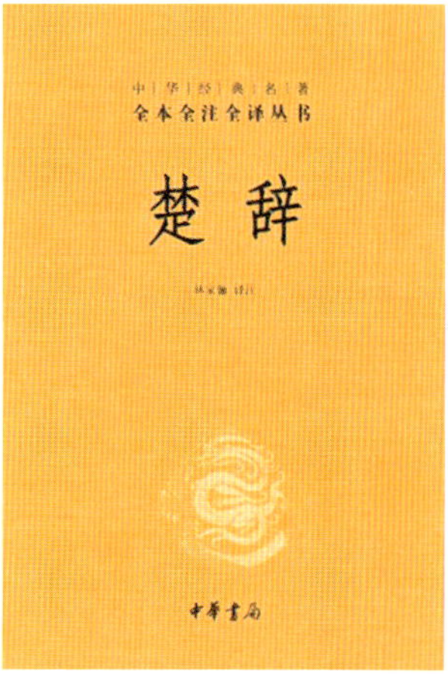

屈原和《楚辞》

伴随着楚国版图的扩大，晚期的楚文化与齐鲁文化、吴楚文化进行了融合，在锐意进取、奔放豪迈的基础上又增添了儒家的诚信仁义等精神特质，作为生长和生活在齐鲁文化与吴楚文化交汇处的项羽，从小受到齐鲁文化和吴楚文化的耳濡目染。齐鲁文化中的崇尚礼仪、注重廉耻，吴楚文化中的重诚守信、崇侠尚义，都对项羽产生了积极的影响。吴楚人物主流讲究诚信为本，反对作伪欺诳。太伯奔吴，以诚待人，获当地百姓千余家的拥护，而建国勾吴。寿梦称王，学习中原礼乐，注重人格修养，严遵诚信准则，并形成家风。寿梦临终遗命贤明的末子季札继承王位。在季札坚决推辞之下，决定由长子诸樊代行统治，以后兄弟相授，最后可传位给季札。诸樊等为满足寿梦的意愿，嘉勉季札的义气，竟以拼命作战、追求速死以让季札继位。诸樊不几年战死于巢，余祭亦为越俘所杀，余昧勤于国事而亡，再次遗命传位季札。而季札“洁身清行，仰高履尚，唯仁是处”，逃归其封邑延陵，表现了不愿就位的谦诚态度。季札在外交活动中，亦能以诚待人。季札路过徐国（今泗洪境内），徐国君主对季札所携的一柄宝剑十分赏羡。季札已明白其意，但为了途中防身与礼仪的需要，没有把宝剑赠送。当季札回国，再次经徐国时，徐君已死，季札毫不犹豫地把剑挂在徐君的坟树而去。这个流传千古且早于项羽年的诚信故事对项羽产生影响，项羽一生知荣明耻，诚信不欺，和屈原一样宁死不屈，宁死不辱。

4. 敢为人先精神

在楚文化的整个发展过程中，楚人敢于打破陈规，向自认为不合理的事物挑战。熊渠封儿子为王、熊通自称武王在当时均属离经叛道、惊世骇俗之举。但是，别人不敢做的，楚人做了；别人不敢想的，楚人想了。问周鼎大小轻重，各路诸侯想都不敢想，楚庄王不仅想了，而且做了。“不鸣则已，一鸣惊人”本是楚人的一种性格，最后逐渐上升为以蔑视既存、敢于创新为主要内容的民族精神。楚人走过的历程是一个既不服周、也不服秦的历程，是一个生不服、死不屈的历程。楚受周封，理应为周天子服务，起初楚人还勉强应付，立足既稳后，楚人就开始“包茅之不贡”，就敢于使“昭王南征而不服”，到后来还有夺周鼎之意，使得周王室无可奈何。秦国强盛后，楚敢与之争斗，以致于有“楚虽三户，亡秦必楚”之说。楚国虽然被秦国打败了，但民族魂魄依在，楚人精神不死。项羽作为楚国最后一位贵族，继承了楚人敢为人先的精神，敢想敢干，敢冒天下之大不韪，创造了许多骇世惊俗的人间壮举，最终推翻了秦王朝的统治。

5. 开放包容精神

在先秦的诸民族中，楚人的民族偏见最少，主张民族融合，强调兼收并蓄。在初创时期，楚王没有与周王室的血缘姻亲关系可依，没有辽阔的疆域可恃，只有积极主动地学习他人之长，补己之短，学以致用，以独立强盛为目标，因而楚文化表现出极大的开放性、多元性和务实性。这些特征多基于楚人的善于学习、包容众长的博大胸襟。青铜冶炼正是楚人学习吴越地区人民的技术发展起来的。楚国曾经兵伐鲁国，鲁国为了避免战事，奉送楚国 100 名刺绣工、100 名木工和 100 名纺织工。楚国接纳了这 300 名技艺高超的工匠，迅即退兵。这 300 名工匠传授了先进的技术，对楚国的手工业发展起到了很大的作用。这些事例充分体现了楚人兼收并蓄，学他人之长，补己之短，发展楚国的可贵精神。项羽一生胸怀坦荡，光明磊落，开放包容。公元前 206 年，项羽推翻秦王朝，分封十八王，自称西楚霸王。项羽分封的十八路王大致分为五类：一类是与他一起推翻秦王朝的主力，包括自封为西楚霸王的自己和汉王刘邦；一类是自己的部将：九江王英布、济北王田安、衡山王吴芮；一类是联合抗秦的原先为诸侯的国王，如楚王熊心、韩王韩成、赵王赵歇、齐王田市等；一类是诸侯国将领如赵将殷王司马昂、张耳部将河南王申阳、齐将齐王田都；一类是秦朝的降将，如雍王章邯、董翳等。分封的大都是异姓王。而项氏族人如项庄、项伯等都未获封，项羽部将也只有吴芮、英布获封，恰恰相反，秦国降将章邯、董翳却获封为王。由此可见项羽的开放包容胸襟。

四、项羽文化的形成

项羽文化首先是由项羽生前创造的，其次就是后世不断丰富创造的。项羽死后，汉朝对项羽多有抹黑，或者根本不提，但无法阻止关于项羽的传说在民间流行。时隔半个世纪，西汉伟大的史学家、文学家司马迁创作完成了《项羽本纪》，一举奠定了项羽和项羽文化的历史地位，标志着项羽文化的形成。

司马迁（约前145—约前90年），字子长，他创作的辉煌名著《史记》是中国历史上第一部纪传体通史，被列为中国二十四史之首，生动记载了上至传说中的黄帝时代、下至汉武帝太初四年之间3000多年的历史，成为中国许多历史和文学著作的源头活水。

按照《史记》的体例，记载人物的篇章主要集中在“本纪”“世家“和“列传”三个部分。12篇“本纪”记录的是历代帝王的政绩，30篇“世家”记录诸侯国和汉代诸侯的兴亡，70篇“列传”则记录重要人物的言行事迹。能进入《史记》记录的人物几乎都是按照这一体例分列在不同的篇章里的。但是，唯有一人虽然不是帝王却被司马迁理直气壮地写入“本纪”，并且2000多年来其影响雄踞十二“本纪”之冠而为世代传诵的，那就是项羽。《项羽本纪》生动记录了项羽戎马倥偬、叱咤风云的一生，成为被鲁迅称之为“史家之绝唱、无韵之离骚”的经典篇章。3000年间，中国历史上涌现出岂止12位帝王？司马迁却只选择了12位立传，可见标准之高、条件之苛刻，不是开疆拓土、富民强国的英明皇帝，休想进入“本纪”。但如此严谨的史学家为什么会把项羽放在3000年间与12位帝王等量齐观呢？

因为在司马迁心中，项羽就是一代帝王。翻开中

800 年楚国的文胆武魁——屈原和项羽

国历史就会发现一个奇怪的现象，完成统一六国大业的秦国只延续了15年，即从公元前221年至公元前206年。而接下来统治中国长达400多年的汉朝（前202—220年）纪年却是从公元前202年开始的。从公元前206年至公元前202年出现了近5年的真空时代。5年，一届总统的任期，扔在历史长河里也许就是短暂的一瞬，但放在人生的经历中考量，5年能做出多少惊天动地的事情啊！国不可一日无君，怎么可能会出现长达5年的无君真空时代呢？事实上，公元前206年至公元前202年这5年不是无君，在秦汉之间的这5年间号令天下的不是别人，正是西楚霸王项羽。用司马迁的话说，项羽不仅神勇古今无二，而且这5年“政由羽出”。难怪后代史学家坚称中国历史在秦汉之间应当还有一个名叫“西楚”的王朝了。项羽堪称一代帝王。他与黄帝、秦始皇等11位开疆拓土的帝王并列进入司马迁的“本纪”当之无愧，无可置疑。

司马迁把项羽这样有争议且有可能被后来统治者抹掉的一代霸主写进帝王传记还有一个重要原因，那就是项羽的人格魅力征服了后人，尤其是不畏王权的司马迁自己。《项羽本纪》通过“巨鹿之战”“鸿门宴”“垓下之围”“东城快战”“乌江自刎”等情节，刻画了一个勇猛善战但却最后失败的悲情英雄人物的形象。而司马迁在撰写《高祖本纪》时，并没有因为汉高祖是当朝的开国之君而竭尽溢美之辞，而是真实地刻画了一个豪放大度、好酒及色，善于用人和用计而又喜猜疑的成功的英雄形象。当一代一代读者阅读《史记》中的《项羽本纪》时，人们都会感受到司马迁对英雄的扼腕叹息。项羽，他那短暂人生所折射出的贵族英雄特质，与他的敌人尽管开创了宏伟帝业建立了稳固江山却屡遭诟病相比，人们更赞赏项羽的人格魅力。项羽具备了贵族英雄所有的特质。外国哲人说过，一个没有英雄的民族是悲哀的民族，一个有了英雄而不崇拜英雄的民族是没有希望的民族。项羽，作为盖世英雄，2000 多年来一直为人崇拜敬仰，正是人们崇尚英雄主义的真实写照。

与司马迁对项羽的褒多贬少不同，东汉史学家班固的《汉书》不仅把项羽降格为《项籍传》，而且贬多褒少，丑化项羽。但是，时间无情地淘汰了班固的丑化。2000 多年来，项羽不仅为后人世代相传，而且形成了独特的项羽文化，与屈原一起筑起了楚文化一文一武的双子座，成为中华民族乃至人类社会的宝贵精神财富。

项羽文化的发展是一个渐进过程，没有明显的阶段分期。它那鲜明特质的精神内涵已经融入中华文化的洪流，伴随着朝代更迭而起起伏伏。兴旺发达时期，社会和人们采撷了它的诚信、仁义；救亡图存时期，人们和社会呼唤了它的勇敢、担当和忠贞。几乎每个时代每个人都会从项羽和项羽文化那里汲取智慧和能量，直至未来。

五、项羽文化的地位

项羽和项羽文化在漫长的人类历史上奠定了独特的历史地位。

1. 终结暴秦的西楚霸王

项羽是秦末农民起义军领袖，是当之无愧的暴秦终结者。公元前 209 年至前 206 年，项羽率领起义军用短短 3 年时间扫荡了暴秦的统治，分封天下，自立为西楚霸王，“政由羽出”长达 5 年，完全是一个朝代的年限，为建立汉朝开辟了道路，推动了历史的进步。司马迁在 3000 年中国历史长河中选择 12 位帝王撰写本纪，理直气壮地把项羽写进帝王本纪，后世对此无可争议。

2. 世界公认的第一战神

英国权威传媒1984年版《全球十大战神》详细地介绍了人类历史上十大战神的丰功伟绩，项羽赫然排名十大战神首位。而如雷贯耳的亚历山大大帝、汉尼拔、恺撒大帝和拿破仑等号称西方伟大的四大军事统帅只能名列其后。这一排名充分表明，项羽是一个放在人类历史长河中无可争议的全球超级英雄。看上去西方人比我们更欣赏崇拜项羽呢，那么，西方为 什么如此看中甚至崇拜项羽呢？毫无疑问，2000多年前项羽留下的经典战例和战争思想不仅是中国人思想智慧的结晶，而且已经成为人类社会共同的精神财富，直到今天，依然绽放着夺目的光彩。他征战70多仗无一失败，最终说是无颜见江东父老，其实是不忍再为争夺权力而祸害百姓才自刎乌江。回顾项羽短暂的军事生涯，他留下的经典战例堪称战争史上的典范，他是冷兵器时代被后人誉为“兵形势家”的典型代表。什么叫“兵形势家”？“兵形势”最早见于《孙子兵法》，“兵形势”又分为“形”“势”。简而言之，“兵形势”就是根据敌我双方地域、人口、物资等军事条件，灵活机动地选择利用自己的优势，创造出必胜的态势。西汉史学家班固在《汉书·艺文志》中把兵家细分为兵权谋家、兵形势家、兵阴阳家、兵技巧家，而项羽正是把“兵形势” 运用到极致的军事家。项羽创造的以少胜多的经典战例是他充分运用“兵形势”的杰作。可以说， 在巨鹿大战中，项羽把“兵形势”运用得出神入化。他创造的巨鹿大战、彭城大战等以少胜多的战例一直为世代军事家津津乐道。

3. 唯一不以成败论英雄的盖世英雄

历来就有“成者为王败者寇”一说，但是，在中国历史上，没有哪一位英雄能像项羽那样获得所有人的尊重，项羽是唯一一位不以成败论英雄的盖世英雄。为什么？是因为项羽在面临胜与负、成与败的选择时，始终坚守着做人的高贵品质，始终占领着人类的道义制高点。胜，胜在实力超强；败，败仗不败人格；亡，亡人不亡精神。在上司阳奉阴违时，他选择破釜沉舟；在对手虚伪狡诈时，他选择诚信不欺；在对手背信弃义时，他选择不杀敌父；在走投无路时，他选择自刎。看似有悖成功学、厚黑学的一系列壮举成就了项羽义薄云天、高山仰止的英雄气概。

4. 倍受推崇的第一爱神

在中国文化史上，关于爱情的美丽传说有牛郎织女，有梁山东伯与祝英台，但都是非傻即呆、非憨即痴，凄凄艾艾，缠缠绵绵，寄托一己情怀。纵然有像唐明皇与杨贵妃的此恨绵绵的“长恨歌”，也不过是乱政亡国下的一己之恨。没有哪一个爱情故事具有项羽和虞姬的爱情那样轰轰烈烈的家国情怀和悲壮色彩。项羽青春壮年，披坚执锐，闪电般出入于腥风血雨的战场，完全是一副铮铮铁汉的形象，但他在戎马倥偬中专情于虞姬的那副侠骨柔肠，分明让那些攻城掠地后必掠美女的男人无地自容。他与虞姬诀别时的苍凉悲怆又岂是乱政亡国下的“长恨”可以比拟的？“霸王别姬”成为东方的罗密欧与朱丽叶，项羽成为历史上第一爱神倍受推崇，无可争议。

5. 楚文化的最后一座高峰

创造了辉煌文明的楚文化的七大支柱中有四个支柱是物质文化，只有老庄文化、屈原文化和项羽文化为精神文化。老庄创立了道家学派，以浪漫奇异的哲学思考主张无为而治；屈原文化以浪漫瑰丽的文学作品抒发“文死谏”的爱国主义情怀；而项羽文化继承并发扬了楚文化中的开拓创新、诚实守信、尽责担当、忠贞爱国的文化精髓，以其神勇无二的“武死战”的果敢行动实现了“亡秦必楚”的预言和诺言，创造了短暂而辉煌的西楚霸业，成为楚文化最耀眼的最后一座高峰。他所创造的许多奇迹至今无人可敌，令人景仰；他和他创造的文化现象跨越时空，历久弥新。每个时代和每个人可以缺少虚伪和成功，但不能缺少项羽的人品和精神。

第二节 精神特质

项羽和他创造的项羽文化蕴涵着中华民族优秀的人文理想和高贵品质，是中华文明宝库中一颗璀璨的明珠，也是人类文明的智慧结晶之一。项羽文化所表现的勇敢、诚信、担当、仁义、忠贞等诸多精神特质，完全契合了做人的最高准则和社会进步的基本要求，成为后世每一个人、每一个社会甚至每一个国家追求的共同精神财富。2000多年来，无数仁人志士都对项羽和项羽文化给予了很高的赞誉。项羽创造的精神高峰高山仰止，日月同辉。事实充分说明，项羽文化属于过去，也属于现在，更属于未来；项羽文化属于宿迁，也属于中国，更属于世界；项羽文化属于项羽本人，也属于中国人民，更属于全人类。项羽文化的精神内涵博大精深，激励着一代又一代仁人志士奋发图强。

一、勇敢

项羽是中国乃至世界军事史上“勇战派”和“兵形势家”的代表人物，是一位真正的盖世英雄。古人对其有“羽之神勇，千古无二”的评价。他是中华数千年历史上最为勇猛的武将。汉语中的“霸王”一词，专属项羽，别人无权分享。

盖世英雄项羽身上最显著的精神特质首先就是勇敢。他短暂生命中的所作所为始终激荡着一股蓬勃勇气，几乎无人可敌。项羽出身于楚国贵族世家，血液里奔腾着一股汹涌正气。家族世代为楚将，家教中咆哮着一股霸气。随叔父避乱吴中，生活中伴随着敢为人先的正气。在悠久的楚文化熏陶下，项羽秉承家族基因，表现出楚人独有的热情奔放和非凡勇敢。《史记》的《项羽本纪》中对项羽的勇敢有过多次记述，而且多以常人的反应来衬托项羽的神勇。项羽身高“长八尺余，力能扛鼎，才气过人”，吴中子弟都畏惧他。同龄人畏惧项羽的力量和才气，说明项羽在同龄人中出类拔萃，无人可比。叔父起兵时，项羽剑斩会稽郡守殷通之头，令殷通左右随从大惊失色，乱作一团，整个衙门的人都惊慌失措地趴在地上，没有谁敢站起来。项羽的勇敢石破天惊，摄人心魄。项羽协助叔父扫除障碍，举兵起义，时年23岁，却表现出持义不掩和投身为义的勇敢，初次显露出勇战英才的锋芒。作为副将北上西进途中，上将军宋义延误军机，别有他图。项羽果断地在军帐中砍下宋义的人头，向军中发布命令说："宋义与齐国阴谋反楚，楚王密令我杀死他。"当时众将畏服，没有谁敢反抗，并齐声说："首先拥立楚王的是将军家，现在将军又诛灭乱臣贼子。"随后众将拥立项羽为代理上将军。项羽杀死宋义后，已经"威震楚国，名闻诸侯"。项羽统率全军渡过漳河，沉掉舟船，破釜砸罐，烧毁营房，携带三天干粮，以此向士兵表示决一死战的决心，毫无半点退还之意。项羽与秦军交战多次，截断秦军甬道，大败秦军，杀死苏角，活捉王离。项羽创造了人类历史上破釜沉舟、以少胜多的经典型战例，一举重创了秦王朝的元气，这一敢为天下先的壮举令当时的诸侯都甘败下风，跪地臣服。当时楚军雄冠诸侯，诸侯援军在巨鹿城下有10多座营寨，没有谁敢出兵。楚军攻打秦军时，诸侯将领们都在壁垒上观战。楚军战士杀声震天，无不以一当十，诸侯军人人战栗惊恐。项羽打败秦军后召见诸侯将领，他们进入辕门时个个跪行，面如土灰，没有谁敢仰视。项羽一路高歌猛进，势如破竹，表现出了持节不恐、知死不避的勇敢，从此成为名副其实的上将军，各路诸侯都隶属于他。汉军有善骑射的楼烦胡人射杀楚兵多人，项羽大怒而亲自披甲持戟挑战。楼烦胡人正要射箭，项羽怒目呵叱，楼烦胡人吓得“目不敢视，手不敢发，遂走还入壁，不敢复出”。项羽在垓下之战前守无不坚，攻无不克，“所当者破，所击者服，未尝败北”。项羽在垓下之战后将坐骑送给乌江亭长，手持短兵器交战，一人杀死汉兵数百人，身上也受创 10 多处。项羽最后只剩下 28 个骑兵，还分成四队向四方冲杀。汉军已重重包围，项羽对他的骑兵说：“我为你们斩杀一将。”命令骑兵们四面奔驰而下，约定到山的东边分三处集合。接着项羽大声呼喊奔驰而下，汉军随之涣散，项羽斩杀一员汉将。这时任汉军骑将的赤泉侯追击项羽，项羽怒叱一声，赤泉侯人马俱惊，退避数里。项羽与骑兵们分三处会合。汉军不知项羽在何处，就分三路重新包围。项羽继续奔驰，又斩杀一名汉军都尉和近百名汉兵，楚军仅损失两名骑兵。项羽问骑兵们："怎么样？"骑兵们都敬服地回答："正如大王所言。"此时的项羽命悬一线，还表现出悬命为仁、弃命为仁的大勇真猛，完成了他作为盖世英雄的悲壮谢幕，成就了站着死去的威猛战神的光辉形象。

后世对项羽的勇敢和军事才能以及在军事史上的贡献毫无争议地都给予了高度评价。明代凌约评价项羽说："羽杀会稽守，则'一府慑伏，莫敢起'；羽杀宋义，'诸将皆慑服，莫敢枝梧'；羽救巨鹿，'诸将莫敢纵兵'；已破秦军，'诸侯膝行而前，莫敢仰视'。势愈张而人愈惧，下四'莫敢'字，而羽当时勇猛，宛然可想见也。"梁启超指出，项羽"非有绝大之气魄，绝大之胆量，岂能于此四面楚歌之中打开一条血路"。

但项羽并非只是一介勇夫，而是一个具有相当谋略的勇战派统帅。他是我国军事史上兵形势家第一人和典型代表。据西汉史学家班固在《汉书·艺文志·兵书略》中记载，兵形势家之属有"《项王》一篇"。班固自注"项王名籍"，《兵法项王》书只能为项羽所著。这一记载说明，项羽不但熟知兵法，且有著作传于后世，只不过后世失传。班固把兵家细分为兵权谋家、兵形势家、兵阴阳家、兵技巧家，而项羽正是兵形势家的典型代表。项羽创造的巨鹿大战、彭城大战等许多以少胜多的经典战例是他充分运用兵形势的杰作，对后世军事科学发展产生了重要影响。历代政治家和军事家都非常推崇项羽的神勇。

青年时代的周恩来将项羽和拿破仑并列为“世界之怪杰”：“时势之英雄，固若是其众也，然非吾之所论于项羽、拿破仑也。夫二氏，世界之怪杰也。具并吞八荒之心，叱咤风云之气；勇冠万夫，智超凡俗；战无不胜，攻无不取；敌邦闻之而震魄，妇孺思之而寒胆；百世之下，犹懔懔有生气，岂仅一世之雄哉！是犹其勇之著于外也。若其关系于世界之进退，人类之盛衰，又非一时豪俊、二三学者所可同日而语。虽以帝王之尊、宗教之力、金钱之势，莫以易之。故二氏者，吾之所谓造时势之英雄也。”

二、诚信

诚信是立身之本，也是成事之基。项羽一生刚正磊落，诚实守信，一诺千金，至死不悔。这是他留下的又一笔难能可贵的精神财富，不仅符合东方文化的信用规则，也符合西方文化中的契约精神。即使在残酷无情的政治斗争和军事战争中，甚至面对对手阴险狡诈和亲友的背信弃义，项羽始终不渝地坚持自己的诚信做人原则，从而在勇敢的英雄形象上又增添了光明磊落、诚实守信的闪光金色，构建成项羽文化得以流芳千古的大厦基石。

鸿门宴是项羽诚信精神的经典案例。在这场千古一宴上，面对复杂的赴宴者，项羽所表现出来的坦荡胸怀和诚信精神光彩照人，日有可鉴，无人可比，令对手丑态百出，黯然失色，仓皇而逃。他对范增多次目视和举起玉玦暗示默然不应，不是他对自己谋臣决断的无视。他对樊哙多次不恭的言谈举止宽宏大量，不是他对敌人挑衅的无能。他对项伯阻挡项庄欲借舞剑之机刺杀刘邦的行为放任不管，不是他对亚父阴谋的无察。在那种情况下，用不着别人暗示，凭着他的勇猛和智慧，任何人都阻挡不了他轻而易举地杀了对手。但是，作为贵族出身的项羽根本不愿在酒宴上杀了对手，因为那样做完全违背了他诚实做人的原则和契约的精神。即使刘邦逃过鸿门宴，此后项羽要想杀了刘邦也还有很多机会，因此，鸿门宴致使刘邦寻机走脱，气得范增仰天慨叹："唉！竖子不足与谋。夺项王天下者，必沛公也，吾属今为之虏矣。"也不足以说明项羽缺乏政治家的决断，只能说明项羽把诚信做人看得比胜负输赢更加重要。

天地良心，日月可鉴。后世可以对项羽的成败得失说三道四，但从来没有人置疑项羽的诚信人品。对鸿门宴错失杀刘机会，有学者认为，项羽当时不杀刘邦的理由：一是项羽、刘邦"俱北面受命怀王"并"约为兄弟"，弟杀兄则不悌；二是两人曾同在项梁部下，互为战友，故友相杀则不义；三是宴会前曾答应叔父项伯之劝，杀刘邦则失信于叔父；四是项羽认为自己是盖世英雄，应挑战于疆场，宴会谋杀则为耻辱。清代孙原湘《题仲瞿西楚霸王之墓诗后》赞曰："无心杀季真仁度，并力除秦是本谋。独弃关中酬故将，平分天下与诸侯。"清代佚名《乌江》叹曰："八千子弟尽成灰，楚图王位任风吹。鸿门舞剑恋旧情，乌江江水逝不骓。"清代蒋仕铨《乌江项王庙》也叹曰："暗鸣独灭虎狼秦，绝世英雄自有真。俎上肯贻天下笑，座中唯觉沛公亲。"但更多人认为，项羽光明磊落、"言必行，行必果"的诚信品质使他经常以君子之心度小人之腹，缺乏“阴谋”并容易“中计”，也使他面对政治上的奸诈之敌时常做幼稚的磊落之梦，又以磊落之梦实施军事之策。

项羽在残酷无情的楚汉相争中始终占领着人类道义的制高点。彭城大战，项羽挥师南下，以3万虎狼之师一举击溃刘邦纠集的56万乌合之众。刘邦抛父弃子，丢盔弃甲，仓皇逃亡汉中。在胜负分明之时，项羽与刘邦约定以鸿沟为界，鸿沟以西属汉国，鸿沟以东属楚国，双方官兵都为休战喊“万岁”。项羽还将刘邦的父亲和妻子放归汉营，并守约退兵。鸿沟不仅成为楚汉两军的分界线，而且成为检验两种人品的分水岭。从鸿门到鸿沟，一门一沟，门沟内外，正如阴阳两界，衡量着世道人心，评判着忠奸诚诈。项羽始终以诚信精神对待自己的对手，率部回师彭城。而刘邦君臣认为这是灭楚良机，又一次背信弃义，毁约突袭楚军，以致楚军遭遇十面埋伏，四面楚歌，项羽兵败垓下，自刎乌江。如果说鸿门宴上刘邦侥幸逃脱只不过是利用了项羽的诚信不欺，那么，迅速突破楚河汉界的鸿沟、反扑项羽的疲惫之师就完全是背后捅刀的小人之举。因此，刘邦赢了天下，但项羽赢得了人心。因为人类生存的共同诚信基石遭遇了奸诈的摧毁，从此多了防人的提心吊胆而变得光怪迷离。

斯人远逝，精神永存。项羽的诚信精神不仅符合世道人心而流芳千古，而且也契合时代要求而泽被当今。诚信，作为社会主义核心价值观重要内容得以发扬光大，而项羽无疑是诚信教育的典型范例。

三、担当

项羽不仅有能力、有实力、有魄力、有魅力，而且敢于担当，勇于负责。什么叫担当？面对大是大非敢于亮剑，面对矛盾敢于迎难而上，面对危机敢于挺身而出，面对失误敢于承担责任，面对歪风邪气敢于坚决斗争。担当是一种“一人做事一人当”的精神，更是一种事业“肩扛千斤、背负万石”的责任，必须具有“苟利国家生死以，岂因祸福避趋之”的崇高境界。翻开项羽的人生，哪一页都写满了“尽责担当”。在苦难深重的芸芸众生中，他是挺身而出大喊“彼可取而代之”的那一个，跟随叔父项梁起兵，迅速崛起为叔父手下一名虎将。项羽在一次次大是大非面前立场鲜明；在一个个危机中迎难而上，化险为夷；在一场场你死我活的战争中百炼成钢，逐步担当起亡秦必楚的大任。

项羽的担当精神从定陶大战之后逐渐显露出来。项梁因为轻敌在定陶大战中战死，楚军主力损失大半。一时间，强大的楚军岌岌可危，这对尚未取得统帅权力的项羽提出了严峻的挑战。如果说在早期军事生涯中，项羽对叔父是俯首听命，任其驱策，既有血缘上的感情，也有对项梁的崇拜之意；那么，项梁一死，就意味着项羽必须独自承担起“楚虽三户、亡秦必楚”的重任，担当起楚军领袖的大任。当时“项梁军破，士卒恐”，项羽悲愤之情可想而知。但此时的项羽并没有简单到凭借一腔血气，立即发动复仇之战。他与刘邦、吕臣等撤军到彭城、砀县休整。楚国名义上的领袖——楚怀王当即离开国都盱台，来到彭城，出人意料地将吕臣的军权剥夺，任命为司徒，然后将吕军、项军合并，自己亲自统率。对于项羽，楚王没敢褫夺兵权，封为长安侯，号鲁公。此时，秦国重创楚军，不再把楚军放在眼里，把主力部队集中到赵国，将赵国困在巨鹿。而反秦一方，各国先后派出部队驰援赵国，要解巨鹿之围。又出人意料的是，楚怀王居然选择了身无寸功的宋义为上将军，项羽为次将（加封鲁公），范增为末将，北上救赵。以项家军为主力的楚军部队，历来军权归属于项梁，项梁死后，顺位应当轮到项羽；项氏叔侄的军队权威，是浴血奋战出来的，而宋义寸功未建，仅凭口舌就夺权，其在军中的威信并不高，地位也不稳固。但项羽对楚怀王的任命还是服从了。

随着楚军的开拔和宋义对救赵的态度变化，项羽忍无可忍了。他与宋义在战略上发生了严重分歧。在这一大是大非面前，项羽先是据理力争，试图说服宋义。宋义主张跟燕、齐一样，观而不速救，坐等秦军攻击巨鹿，秦军胜则疲惫，“承其敝”再打，秦军败再挥师向前，加以痛击；项羽则认为“疾引兵渡河，楚击其外，赵应其内，破秦军必矣”，速战速胜才是正道，秦军若攻下巨鹿，余威必盛，战胜的可能性微乎其微。但是，令项羽没想到的是，宋义居然搬出军令：“猛如虎，狠如羊，贪如狼，强不可使者，皆斩之。”项羽何去何从？面对尖锐矛盾，项羽没有退缩，而是迎难而上，痛快淋漓地寻求解决办法。在背负国仇家恨的项羽看来，痛失良机，坐以待毙，实在是奇耻大辱。再加上项梁死后，楚怀王与宋义的刻意压制与漠视，新仇旧恨逼得这位年轻的将领不得不铤而走险，勇敢亮剑。在“今不恤士卒，而徇其私，非社稷之臣也”等言论取得军队共鸣后，他干脆利索地解决了问题，“即其帐中斩宋义头”。跟他当初砍掉会稽郡守的头如出一辙。但项羽随后宣布，“宋义与齐谋反楚，楚王阴令羽诛之”。项羽表现出的正义担当赢得了部卒的支持。

项羽的担当在巨鹿大战前后表现得淋漓尽致。面对敌众我寡、诸侯围观的危局，项羽敢于挺身而出，独自担当起救赵大任。杀了怀王任命的上将军宋义，项羽其实把自己逼上了绝路，派出“将卒二万渡河”。渡河后，先破坏秦军补给的甬道，使围城之秦军乏食。赵国求救之使再者，项羽率部全部渡过黄河，并用破釜沉舟、“烧庐舍，持三日粮”、“以示士卒必死，无一还心”的决绝手段，激发楚军士气和战斗力，使得楚军“一以当十”，“呼声动天”，九战章邯，大破之，终于解围巨鹿。各路诸侯见秦军败退，方敢进击，协同项羽作战。秦将苏角阵亡，王离被俘，涉间拒降自焚而死。巨鹿之战的另一层意义在于，项羽打出了自己的旗号。自此，人人皆惧项羽，当初作“壁上观”的诸侯们“无不膝行而前，莫敢仰视”，项羽成为诸侯联军的领袖。承袭贵族的骄傲，裹挟自身的霸气，项羽军队给诸侯及军队留下了沉重的阴影。这也可以解释为何后来楚汉争霸之时，刘邦集结四五十万的军队，却被项羽3万人打得一败涂地。

面对失败，项羽同样敢于担责。垓下被围，四面楚歌，项羽虽然情绪低落，但从没有推卸责任。败走乌江，不肯过江，拔剑自刎，向江东父老谢罪，宁可罪责自己，不愿连累江东父老。

项羽悲壮的一生始终是在尽责担当中度过的。大小70余战，每战必胜，胜在担当。面对复杂矛盾，都能抢占先机，抢在担当。最终乌江自刎，虽败犹荣，荣在担当。项羽的悲壮一生展现了中华民族敢于牺牲、敢于担当的民族精神，至今依然弥足珍贵，值得弘扬。

四、仁义

古今对项羽有“妇人之仁”一说，甚至有人认为他杀人残暴。其实，这都是错误观点。项羽除暴安良，乃天下大仁。项羽出身贵族，胸怀天下之仁，从小立下大志，具有高尚的仁义风范。在他短暂的人生中，他没有做过一件不仁不义之事；只有人负他，没有他负人。《史记·陈丞相世家》中有陈平的话：“项王为人，恭敬爱人，士之廉节好礼者多归之。”《史记·淮阴侯列传》也有韩信的话："项王见人，恭敬慈爱，言语呕呕，人有疾病，涕泣分食饮。"司马迁在以陈平和韩信为传主的记述中分别说出项羽恭敬爱人，而且陈平和韩信又都是项羽的敌人。什么样的仁义才能既赢得亲友的口碑，同时又能赢得敌人口碑？难道是妇人之仁？只有以天下苍生为己任的大仁大义才有如此口碑。

秦朝统一不久，横征暴敛，百姓苦不堪言。陈涉首义，群雄纷起。项羽随叔奋起抗秦，披坚执锐，浴血奋战，深孚众望，百姓携浆箪食，踊跃投军。而此时的项羽虽然年少，却明显逐渐成为农民起义军的核心。陈婴、黥布、韩信等多路义军皆来归属，计兵十六七万众。就是后来夺得天下的刘邦当时也见机行事，率兵九千投靠了项羽。随后，张良、范增等贤良俊杰亦纷纷来投项羽。如果项羽不仁，岂能归服这么多良将贤臣？尽管这些人后来除范增外几乎都成为项羽的敌人，但他们当初投靠项羽一定是为项羽的大仁大义所征服。否则，他们怎么会纷纷归顺项羽？完成推翻秦朝使命后，项羽分封天下，未承想自己反遭攻击，被迫卷入楚汉战争。

楚汉相争数年，百姓苦不堪言，项羽不忍百姓受苦，提出与刘邦单独决战，以图尽快结束战争。项羽对刘邦说："天下匈匈数岁者，徒以吾两耳，愿与汉王挑战雌雄，毋徒苦天下之民父子为也。"目的非常清楚，一决雌雄是不再徒苦天下父老兄弟百姓，而不是为自己统治天下。项羽如此仁爱天下的情怀却往往只能为小人利用，甚至为后人诟病。但项羽初心不改，至死不悔。兵败垓下，面对乌江，项羽却不愿卷土重来，不成功便成仁，拔剑自刎，赠头于友，以图天下早日太平。许多人赞美项羽从容自刎是一种人格尊严和魅力，是一种大仁大义的献身精神。宋代曹勋《项王歌》赞曰："提三尺兮臣诸侯，争天下兮裂九州。时不得兮绝淮流，江虽可渡兮吾何求，宁斗死兮羞汉囚！"也有人指出，项羽从容自刎是他不想再以战争来危害中原民众，显示了项羽舍身为民的自觉意图。项羽牺牲自己换来天下一统的局面，是他亡秦后作出的最后一次贡献。这些中肯的评价不仅符合项羽的一贯人品，而且完全符合项羽的真实意图。

项羽除了完成用自己的生命换回天下一统的壮举，而且生前的确军纪严明，亲民爱民，以天下苍生为念。至今民间还有许多流传着项羽生前爱民如子甚至死后保佑平安的传说故事。其中，关于徐州“烙馍”来历的传说最有意义。传说项羽兵败垓下，率领八百将士逃亡。先头骑兵在路上遇一老头挑一担“烙馍”在卖，但骑兵手头没钱，不敢吃老头送上的“烙馍”。“我们项王的兵马，一向不吃百姓的东西。除了管军需的带钱，连项王都不带钱。”说完继续赶路。不久，项羽骑着乌骓马赶到，老头拦住项羽说：“大王，我看你的军队无钱不吃我的东西，可见大王治军有方。不过你一连打了这几天的仗，实在够苦的了。就是手中无钱，也请大王吃我的东西，饱饱肚子，好再打仗。我决不要钱。”项羽说：“我现在身无分文，虽然挨饿，也绝不白吃老百姓的东西。”老头心中很受感动，看来百姓中流传说项羽这个人生性耿直、带兵廉洁，的确不假，于是老实地向项羽说出他是韩信派来的。“来时韩信对我说，项羽若吃你的东西，他无钱给你，后人将说他不义；若杀了你这个老头，后人将说他不仁。你现在既不吃我的东西，又不杀我，我回去后，韩信必说我没见到大王，一定会杀我。这该怎么办呢？我求大王救我一命。”项羽听后，用力将他的十三节霸王鞭拔出四节，交给老头说：“你见了韩信，拿着我这四节鞭，他就知道你见到我了。因为韩信过去给我扶过戟，执过鞭。”说完，项羽即随大部队向南疾驰而去。

项羽志存高远，胸怀天下，大仁大义，亲民爱民，他的英名和仁义精神世世代代铭刻在人民心中。

五、忠贞

项羽具有对爱情色不侵二的忠贞情操。历史尽管往往为帝王将相或御用文人所写，但史家还是记录下了刘邦“贪于财货、好美姬”等一些污点，而翻遍关于项羽的所有记述，却没有他生活上的任何污点记载。尽管他死后的成败功过只能任人评说，但还是没有任何人向他身上泼污水。因为项羽是真正仁爱天下的盖世英雄，高贵得别人只能望尘莫及，圣洁得别人只能自惭形秽，生活上没有任何污点供人诟病。据学者研究，历史上，做到色不侵二的，唯有关羽能与项羽相比。名同为羽，同为神武之人，同为忠贞之士，难道仅仅只是巧合？可惜，关羽以其重情重义和神勇威猛著称，留下的侠骨柔肠、流芳千古的爱情佳话却鲜为人知。而项羽在古今无二的神勇背后，他和虞姬的旷世爱情早已成为东方的罗密欧和朱丽叶而家喻户晓，代代相传。

虞姬（？—前202年），江苏省宿迁市沭阳县人，与项羽是真正的老乡，更是伴随在项羽身旁的爱妻。因为容颜倾国倾城，而且才艺绝佳、舞姿美艳，史上称她为“虞美人”。“虞美人”尽管后来演绎为一个词牌和一种花名，但都与虞姬有着紧密关系。

关于虞姬的史料不多，据司马迁《史记·项羽本纪》记载：“有美人名虞。”后人据此出现了两种说法：一说“虞”是美人的名，二说“虞”是美人的姓。《辞源》里认为虞为姓，“虞姬”则是后人对她的称呼。关于“姬”这个字，大体上是古代对妇女的美称。

据《沭阳县志》（江苏科技出版社1997年4月版）记载：虞姬，秦末汉初人，项羽爱姬，相传出生于沭阳颜集秀虞溪村，性刚烈，善歌舞，习武艺，随夫征战四方。故里乡亲缅怀英烈，以虞姬名沟，寄托哀思，并于明崇祯末年立庙塑像，佩剑倚马，昂首远望，英气逼人，恍若欲再驰骋疆场。惜此庙已毁于侵华日军炮火，而虞姬沟今日犹存。

关于虞姬的传说很多，有史可考的不多。但是，历经2000多年传播，虞姬已经成为中国人心目中与沉鱼落燕、闭月羞花的四大美女齐名的美女，《红楼梦》

虞姬像

虞姬自刎雕塑

虞美人花

就把虞姬与四大美女并称为“五美”。其实，虞姬又与四大美女不同，她不仅能歌善舞、忠于爱情，而且能随夫征战、慷慨就义。是美女，更是才女；是贤妻，更是贞妇。

虞姬跟随项羽征战70余仗，项羽战无不胜，但在《史记·项羽本纪》里一直没有出现虞姬的名字。在公元前202年项羽被汉军围困垓下（今安徽省灵璧县东南）时，虞姬才第一次出现。她的出现为残酷的战争增添了一抹温柔悲情，激发出盖世英雄的侠骨柔肠甚至儿女情长，让人们看到了项羽的另一面。《史记·项羽本纪》为后人描绘了一幅凄美悲壮的历史瞬间：项羽被困垓下，兵少粮尽，夜闻四面楚歌，哀叹大势已去，面对虞姬，在营帐中酌酒悲歌：“力量能拔山啊，英雄气概举世无双，时运不济呀，骓马不再往前闯！骓马不往前闯啊可怎么办？虞姬呀虞姬，怎么安排你呀才妥当？”歌词苍凉悲壮，情思缱绻悱恻，史称《垓下歌》。随侍在侧的虞姬，怆然拔剑起舞，忍泪唱起《和垓下歌》：“汉兵已经略地攻城，四面到处是楚歌的声音。大王啊，你既然心灰意冷，我何必苟活下去！”（唐朝张守节《史记正义》从汉初陆贾所撰的《楚汉春秋》

中引录此诗）虞姬为了让项羽不再有牵挂，唱完《和垓下歌》后，拔剑自刎身亡。

虞姬留在历史上的短短数语伴随着岁月，不断寄托着人们美好的情感。传说在虞姬倒下的地方长出一种娇艳美丽的小花，后人把这种花叫作虞美人花（其实是一种外国引进的花种）。更进而把它作为一种词牌名，成为文人雅士表达哀伤且又凄美的感受。

《项羽本纪》在记述项羽辉煌人生经历最悲壮时才写到虞姬："有美人名虞，常幸从。"廖廖数字，却隐含深意。"常幸从"，说明虞姬一直追随在项羽身边。经后人反复演绎，项羽和虞姬这对英雄美人组合变得佳偶天成，真情相爱，彼此敬爱，情趣洽合，忠贞不渝，千古无二。不难想见，正值青春年少的项羽率军南征北战，恰逢花季妙龄的虞姬随侍左右，于那叱咤风云里增添了多少美目顾盼，于那刀光剑影中增添了多少轻歌曼舞，于那腥风血雨里增添了多少似水柔情，于那纵横驰骋中增添了多少浪漫温馨。行，形影不离，互相支持；止，相敬如宾，恩爱无比。最悲壮凄美的是项羽和虞姬在垓下的生离死别。在兵败垓下时，项羽没有像刘邦在彭城大战那样抛下父母妻子甚至多次扔下女儿，而是专情于虞姬，并且为虞姬的命运担忧。垓下被围，楚军衰微，项羽焦急，虞姬忧伤。项羽慷慨悲歌："力拔山兮气盖世！时不利兮骓不逝！骓不逝兮可奈何！虞兮虞兮奈若何！"项羽一生专爱虞姬，钟爱乌骓马。美人骏马伴随项羽走到绝境，项羽向天发问，虞姬飞泪而歌和道："汉兵已略地，四面楚歌声。大王意气尽，贱妾何聊生！"虞姬拔剑自刎，成就了一段后人演绎不尽的"霸王别姬"英雄美人爱情的千古绝唱。

至此，项羽对爱情的忠贞就已经惊天地、泣鬼神了，但还没完，项羽总会把事情做到前无古人、后无来者的顶峰极致。虞姬死后，项羽居然挟带着虞姬头颅垓下突围，飞马南驰，一路厮杀。人虽死，头相随，魂相依。生不离人，死不抛魂，项羽对爱情如此忠贞不渝，令人无不动容。古今未见如项羽这般忠贞不渝的英雄，难怪项羽成为后世女子崇拜的完美男人。连 2000 年后同为楚雄的周恩来都曾大发慨叹："（项羽挚爱）虞姬骏马，垓下兴悲，一往情深，又岂沛公之见宫室美女欲居，置父死而不顾可比。"

其实，项羽不仅忠贞于爱情，更对自己的祖国忠贞不二。换句话说，他忠贞于爱情其实是他忠贞于自己祖国的一个缩影。自从他担负起“亡秦必楚”的重任以后，他时刻不忘怀楚东归。推翻暴秦，分封天下，项羽定都楚地彭城，表达对自己祖国的热爱。在乌江面临过不过江东卷土重来的问题时，项羽“羞见”江东父老，不肯过江，足以显示他对家乡父老的深厚情感。

项羽忠贞于爱情，忠贞于祖国，表现出深厚的家国情怀，闪耀着夺目的人性光芒。他之所以为后世崇敬，是因为后人从他身上看到了忠贞不渝的精神。任何时代、任何人都不可或缺这一精神。面对复杂局势做到忠贞不渝何其难矣，唯项羽的忠贞登峰造极，彪炳千古！

第三节　传播途径

一种文化不仅要看它是否源远流长和内涵丰富，而且要看它是否获得了广泛而持久的传播途径。2000多年来，项羽文化通过各种途径得以传播和弘扬。从文学艺术到舞台艺术，从学术研究到影视网络普及，从宗教信仰到宗族供奉，从国内到国外，项羽文化渗透到了社会的方方面面，几乎从未缺席于任何一种先进的文化传播途径。从中不难看出，项羽文化既是经久不衰的地域特色文化，更是历久弥新的民族文化，甚至是日益光大的人类文明成果。否则，任何一种不具备民族和人类共性的文化早就为不断更新的传播途径所抛弃了。

一、文学艺术

1. 史传文学

项羽形象赫然登场的第一部史传文学名著《史记》是历代文人演绎项羽的始点和高峰。《史记·项羽本纪》把盖世英雄项羽塑造得崇高而且悲情，后代所有关于项羽乃至楚汉的文学创作都难以突破《项羽本纪》的高度，甚至有的受到当时政治立场影响而大肆丑化项羽。《汉书》不仅把项羽降格列于《陈胜项籍传》，而且用词多有怠慢。北宋《资治通鉴》虽然略有删节，但基本还原了《史记》中的项羽形象。史传文学对项羽的塑造至此基本定型，此后没有更多变化。近代以后，关于项羽的史传文学作品乏善可陈。改革开放以来，随着电视等新媒体的出现，少数史学专家学者利用新媒体平台演绎项羽文化，曾一时引起轰动。中央电视台的《百家讲坛》栏目推出的王立群、李清泉等人带有传记文学色彩的《史记人物项羽》《英雄项羽》

等算是对项羽文化的一个普及。

2. 诗歌

据专家统计和宿迁市政协学习文史委与宿迁市诗词协会 2008 年编辑印刷的《古今诗人咏项羽》一书记载，自隋代以后，历代以项羽其人其事为吟咏对象的古典诗词可见的 279 首（含项羽《垓下歌》和虞姬《和垓下歌》），作者 250 多人。其中隋代 1 首，唐代 29 首，五代时期 6 首，宋代 52 首，元代 25 首，明代 44 首，清代 117 首。其中尤以唐代杜牧的《题乌江亭》，宋代李清照的《夏日绝名》、王安石的《题乌江项王庙诗》最为著名。在域外汉籍中，日本、朝鲜半岛和越南等国古代也有大量的咏项羽诗歌传世。据不完全统计，可见现代诗人约 260 多人创作了 330 多首歌咏项羽的诗歌，大部分收录进《古今诗人咏项羽》一书。

3. 小说

项羽最早以项王庙传说出现在南朝志怪小说《异苑》里；唐代小说中的项羽形象支离破碎，模糊不清。在宋人编著的中国古代文言纪实体小说第一部总集《太平广记》中，项羽零星出现在不断的篇章里，但多以凶神等面目出现。宋代志怪传奇小说集《青琐高议》

中有一篇《楚王门客》，正面描写了项羽招才纳贤的明君形象。在元代《全相平话五种》的《全相平秦并六国》和《全相平话前汉书续集》中，出现了项羽完整形象。伴随着小说在明清时代的兴盛，项羽形象在各类历史演义和传奇话本小说中不断丰满。在明万历三十三年（1605年）黄化宇刊刻的《两汉开国中兴传志》中，项羽作为贤君刘邦的衬托成为勇夫形象。在明万历四十年钟山居士甄伟创作的《西汉通俗演义》中，把项羽塑造成一个性格复杂矛盾的悲情英雄形象。近代特别是进入当代以后，以项羽为题材的长篇小说很少。网络文学兴起以来，有关项羽的网络小说突然兴起，其中，潘军2014年发表的先锋主义自传体中篇小说《重瞳》引起一定反响，并改编成电影。但受各种思潮影响，此类小说五花八门，泥沙俱下，不值一述。

4. 民间传说

项羽留在世间的民间传说不胜枚举。从时间看，关于项羽的民间传说应当早于《史记》和其他任何流传方式，因为《史记》中的许多记载取自于民间传说。从区域看，北起河北，西南到云贵，东南到台湾、两广、浙江，中部的苏、鲁、豫、皖等广大的区域到处都有项羽的民间传说。从内容看，传说大致集中在两类：一类是关于项羽生前的传奇故事，如广为流传的重瞳和龙生虎养传说，多地关于项羽起兵和乌骓马的传说，如安徽泗县境内项羽哭活虞姬头传说，这类传说已经神化了生前的项羽。一类是关于项羽死后神灵保佑平安的传说，如安徽、浙江、福建等地的项王庙传说，一些与项羽有关的地名的传说。这类传说宣扬了项羽死后的威力。但不管是哪一类传说，每一个传说都与传说当地的地名紧密相关，因此在一定区域内得以代代相传。关于项羽的民间传说没有系统整理，陆续散见于一些地方的文史书籍和报刊上结合地名的介绍文章。如《宿迁史话》《千古英雄项羽》《中国民间故事全书·江苏徐州市区卷》、南京市非物质文化遗产申报材料《项羽与浦口的历史传说》《常州民间故事集》等。关于项羽的民间传说尽管零散，但通过世代口口相传，是项羽文化在民间传播的重要渠道。

5. 外国文学

历史上，日本、朝鲜半岛、越南等地曾使用汉语，我国古代典籍在域外汉语国家多有流传，并对这些国家产生过相当影响，特别是影响了这些国家的文学创作。据中国社会科学院历史研究所赵凯研究，《史记》传入古代朝鲜半岛的具体时间目前尚属未知，有学者推断大约不晚于东晋时期，即朝鲜半岛的高句丽时期。到了朝鲜世宗年间，朝廷铸字刊印《史记》，颁赠文臣。到 18 世纪末 19 世纪初，朝鲜王又主持并刊行《史记英选》，极大推动了中国上古历史知识在朝鲜半岛的流播。古代朝鲜半岛的文人学者对《史记》及《汉书》中的楚汉史事特别是项羽的事迹非常重视，韩国古代文集中就有不少关于项羽和虞姬的诗歌。项羽的故事与形象也屡见于域外古代小说之中。《传奇漫录》是越南古代的汉文传奇小说，成书于 16 世纪，作者阮屿。全书四卷二十篇，第一卷第一篇为《项王祠记》，讲述的是越南陈朝使节奉命出使明朝时，途经项王祠时题句讽咏，并在睡梦中与楚霸王项羽争论楚汉成败得失的传奇故事。《花梦集》是朝鲜半岛的古典汉文小说集，抄本原件藏于朝鲜金日成综合大学图书馆，大约在 17 世纪上半叶汇编成集，编者不详。《花梦集》之《金华灵会》，从历史资源中汲取故事原料，将中国历史上的著名帝王及其勇将贤臣百余人，以“穿越”方式聚合一起，其中关于项羽的描述栩栩如生。朝鲜后期的小说集《三说记》中有《西楚霸王记》一篇，作者不详。故事描述一个书生某日游至山林深处，发现一茅草屋，遂前往投宿。一童子出来说，此屋是西楚霸王项羽与美人虞姬的住所，不便收留。书生不顾童子劝阻，执意要住，闯入茅屋，结果先被美丽的虞姬迷住，既而被西楚霸王撞见，用铁链绑住，跪在台下。霸王教训书生闯宅犯上，书生非但没有惧色，还仰天大笑，历数项王的过失，批评项王的气度。项王惭愧不已，一言不发，泪涔涔下，忽然往空中一跃，再无踪影。外国文学中全面准确生动描写项羽的小说当数日本著名作家司马辽太郎(1923—1996 年)的《项羽与刘邦》。《项羽与刘邦》原题为“汉风楚雨”，最早在 1977 年发表于日本杂志的重镇《小说新潮》上。全书分上下两卷，上卷 14 章，下卷 27 章。小说刊载后，立即引起轰动，读者无数，连载了两年四个月后推出单行本，更是好评如潮，很快成为日本家喻户晓的巨著，并成为日本史上最畅销的小说，一直到 1987 年，这一纪录才被《挪威的森林》打破。历经 30 余年，这部日本出版史上最有影响的历史小说锋芒更甚，已被誉为项羽与刘邦之楚汉争霸最经典的历史小说定本。2009 年，王学东翻译的《项羽与刘邦》由南海出版公司出版发行。

6. 成语典故

文学是语言艺术，成语是汉语中保留中华民族智慧和文明成果的语言精华。据专家统计，汉语中与项羽有关的成语共有 32 个。这些成语分为两类：一类由项羽创造的事迹演化而来的有22个：万人敌、取而代之、先发制人、破釜沉舟、以一当十、作壁上观、膝行而前、披坚执锐、项庄舞剑意在沛公、单枪匹马、一决雌雄、妇人之仁、拔山扛鼎、锦衣夜行、沐猴而冠、画若鸿沟、楚河汉界、四面楚歌、霸王别姬、所向披靡、江东父老、无颜见江东父老。一类与项羽事迹有关联的成语 10 个：成也萧何败也萧何、张良借箸、胯下之辱、明修栈道暗渡陈仓、秋毫无犯、人为刀俎我为鱼肉、约法三章、分我杯羹、计将安出、高阳酒徒。这些不朽的经典成语基本涵盖了项羽一生的事迹，成为传播项羽文化最稳定、最基本、最日常的语言元素，早已并将继续融进人的血液。

二、 舞台艺术

项羽伴随着我国戏剧（曲）诞生、发展和兴盛，从配角逐渐成为戏剧舞台的经典形象，成为家喻户晓的舞台艺术常青树。

项羽走上戏剧（曲）舞台是从唐代开始的。在唐代歌舞戏《樊哙排君难》一剧中，项羽以配角形象出场。宋代杂剧中以项羽为主角的曲目就有《霸王中和乐》《诸宫调霸王》《霸王剑器》等，但仅存曲目，剧本都已无存。金代有以项羽为主角的曲本 7 本，连曲名也无从考证。元代有高文秀的《禹王庙霸王举鼎》、张时起的《别虞姬》、顾纪清的《楚霸王火烧纪信》等，项羽的舞台形象逐渐清晰起来，为后来舞台上的项羽形象奠定了基础。明代有杂剧《十面埋伏》和《千金记》等剧目反映项羽形象。其中《千金记》是一部影响项羽舞台形象的重要剧目。该剧选取了江东起兵、鸿门会宴、别姬自刎三个片段，成功塑造了项羽的悲情英雄形象。清代有以项羽为题材的《楚汉春秋》《霸王遇虞姬》《楚汉争》等剧，其中《楚汉春秋》一剧共 10 本 240 出，不仅丰富了项羽的血性男儿形象，而且增加了项羽和虞姬的爱情故事。近代以来，有关项羽题材的戏曲经久不衰。

1918 年，由杨小楼与尚小云合演的京剧连台本《楚汉争》（共四本）轰动当时的上海。《楚汉争》偏重武打，以宏大背景来衬托项羽拔山举鼎的气势以及末路失败的悲壮之势。一代京剧宗师梅兰芳先生改编的《霸王别姬》将虞姬由配角发展成为主角，以虞姬的绝美与凄凉来反衬项羽的自傲与不羁。《霸王别姬》为一本，分十三出和九出两种演出本。1922 年 2 月 15 日，杨小楼与梅兰芳合作演出《霸王别姬》，从此一名成典，一剧成经。梅兰芳扮演《霸王别姬》里的虞姬，让她到台前且歌且舞，亦悲亦泣，把“幽恨”二字张扬到了美学的境界。该剧中的项羽孔武威猛，侠骨柔肠，忠于爱情，堪称男人典范。该剧成为中国京剧梅派经典代表名剧之一。新中国成立以来，项羽形象一直活跃于各地方舞台及各地方剧种，但大都受《霸王别姬》的影响，难有突破。

2009 年，国家话剧院演出的话剧《霸王歌行》以叙述的形式，刻画了一个不爱江山爱美人、集侠骨与柔情于一身的完全不同于传说的项羽形象。2011 年，济南京剧院演出的《重瞳项羽》亮相第六届中国京剧艺术节，让人耳目一新。《重瞳项羽》以全新的视角，诠释了一个固守信义孝悌而不擅权谋、敢于担当又铁血柔情的项羽形象。《重瞳项羽》剧组以源于历史又高于历史的态度，从剧本重构、行当选择、唱腔设计、念白唱词设计、舞美服装等方面进行全方位创新，使一个有情有义、有血有肉的项羽形象跃然京剧舞台之上。

项羽走进舞蹈是从改革开放以后开始的。以项羽为题材的舞剧主要有《霸王别姬》《霸王卸甲》《西楚霸王》《虞美人》《十面埋伏》等等。其中杨丽萍主创并主演的现代舞剧《十面埋伏》集舞蹈、京剧、皮影等中国传统艺术于一体，生动塑造了一个站着死去的项羽舞台形象。2014 年在上海国际艺术节上一亮相就受到 1000 多家艺术团体的追捧，从 2015 年起在国内和国外巡演，受到好评。

总之，自唐代以来，哪里有舞台，哪里就有项羽，舞台艺术的的任何形式里都能找到项羽的身影。

三、影视网络

项羽从舞台走进影视始于 1929 年，中国著名京剧表演艺术家梅兰芳和金少山合演的《霸王别姬》被摄制成了黑白影像，应当算是最早影视中出现的项羽形象。由于战乱等诸多原因，此后数十年间，我国屏幕上鲜见项羽形象。进入 20 世纪后半叶，伴随着电视乃

梅兰芳主演的《霸王别姬》剧照（来自网络）

至网络的普及，项羽以其他历史人物难以企及的高频率走进了影视和网络，受到越来越多的国人的解读、欣赏和崇拜。

据不完全统计，1985年至2015年的30年间，以项羽和楚汉战争为题材的电影有《神话》《楚汉争雄》《楚汉骄雄》《西楚霸王》《鸿门宴传奇》《王的盛宴》等6部（部分与电视连续剧重名）；电视连续剧多达17部，总集数达到664集。按照电视连续剧播放时间顺序排列如下：《楚河汉界》30集（1985年）、《淮阴侯韩信》10集（1991年）、《西楚霸王》16集（1994年）、《汉刘邦》35集（1998年）、《楚汉骄雄》30集（2004年）、《辛追传奇》43集（2004年）、《神医侠侣》40集（2004年）、《大汉巾帼》40集（2005年）、《楚汉风流》50集（2006年）、《神话》50集（2010年）、《大将军韩信》36集（2010年）、《大风歌》44集（2011年）、《王的女人》32集（2011年）、《楚汉争雄》30集（2012年）、《楚汉传奇》80集（2012年）、《吕后传奇》40集（2015年）、《秦时明月》58集（2015年）。这些承载项羽文化的影视剧大致可分为三类。一类是以项羽为主角的影视剧，如《西楚霸王》《鸿门宴传奇》等；第二类为项羽与刘邦平分秋色的影视剧，如《楚河汉界》

《楚汉骄雄》《楚汉风云》《楚汉争雄》《楚汉传奇》《王的女人》等；第三类以项羽为重要配角的影视剧，如《汉刘邦》《王的盛宴》《神话》《秦时明月》等。但无论哪一类，只要涉及楚汉题材，都离不开项羽。项羽不仅是埋葬秦王朝的英雄，而且是左右楚汉风云的执牛耳者。从绝大部分涉及项羽的影视剧看，无论叙述史实的，还是传奇演义的，甚至是穿越神剧，大都能抛弃以成败论英雄的观点，正视和尊重历史，基本还原项羽的本色，彰显项羽的历史贡献和人格魅力，赞扬项羽的英雄气概和信义品格，客观上以生动形象的影视语言张扬了项羽文化。

伴随着动漫和手游产业的异军崛起，项羽也以无可争议的形象高频率出现在动漫和手机游戏里。网络和手机网络已成为传播文化最重要的渠道。据不完全统计，涉及项羽和楚汉题材的动漫和手机游戏产品不下 20 款。国产 3D 科幻动画《超兽武装之勇者无惧》中以项羽为超神；日本动漫《最强少年项羽》风行一时。以项羽形象设计的网络游戏产品《项羽》很受玩家喜爱。有项羽和虞姬形象的《王者荣耀》的电游产品走向了世界。不过，动漫和手游中的项羽形象多为迎合青少年和玩家趣味设计，与传统文化中的项羽形象相去甚远。

四、宗教信仰

项羽被后人封神，并为人供奉膜拜，至今未衰。项羽神，项羽王，又名“愤王”，属于中华特有的先祖灵，其原型就是历史上的西楚霸王项羽。南北朝时期，项羽这一历史人物，在不知不觉中从人界走向了神界，成为民间信仰的“俗神”和官方认可的“正神”。

项羽祭祀大概源于东汉末期。《后汉书·郡国志》据谈钥《嘉泰吴兴志》记载，湖州有项羽庙，据此可推知东汉时期开始祭祀项羽。此外，《魏书·地形志》《水经注》有项羽冢、项羽祠的记载。项羽神的出现约在南北朝时期，主要载于史书和志怪小说中。有关项羽神的最早记载见《宋书·孔季恭传》，该传有云：“吴兴频丧太守，云项羽神为卞山土，居郡听事，二千石至，常避之。季恭居听事，竟无害也。”“居郡听事”即干涉阳间事务，说明项羽神还保留着活着时的霸气。《南齐书》卷四十六《萧惠基传附惠休传》记载：“永元元年，徙吴兴太守。征为右仆射，吴兴郡项羽神酷烈，士人云：‘惠休事神谨，欲得美迁。’”这则材料同样传递出项羽神具有对现世福佑的功能性，正是因为项羽神能够带来福泽，文人士大夫才崇信之。又《梁书·萧深传》载：“(吴兴)郡有项羽庙，上民名为‘愤王’，甚有灵验，遂于郡厅事安施床幕为神座，公私请祷。前后二千石皆于厅拜祠，而避居他室。深至，徙神还庙，处之不疑。又禁杀牛解祀，以脯代肉。”同样显示了项羽神让人敬畏。

魏晋南北朝时期，项羽神在民间有一定的信仰人群和威慑力，而官方却未予认可。南朝梁简文帝所作《吴兴楚土神庙碑》基本确立了项羽神为“正神”的合法地位。对项羽神的第一次册封是在陈高祖永定二年(558年)。项羽神在《日知录》《宋书·孔季恭传》《南齐书·李安民传》和《南史·萧思话传》等书中都有介绍，而且多是灵验故事。根据现存吴兴地方志记载，汉代以来，吴兴地区世有楚王项羽神庙和祭祀项羽神的习俗。现存的梁简文帝所撰之《吴兴楚王神庙碑》就是一篇祭祀项羽神的碑文，碑主为楚王项羽。项羽生平事迹与佛教本无关联，但是，从佛教中国化的角度加以考察，项羽等民间所信奉的大神在齐梁之际已经融入佛教。

作为项羽的家乡，宿迁境内至少从六朝始信奉项羽神。唐代诗人释灵一在谒拜项王庙后曾留诗一首。北宋文学家苏辙专程到宿迁谒拜过项王庙，并写下《宿迁项羽庙》诗一首。至明代嘉靖甲午年间，宿迁人重建项王庙，当时的知县李九功还亲自题写了《西楚霸王庙碑记》。

安徽省和县乌江镇的项王庙至今香火旺盛。在海南的一个名叫北港的小岛上至今仍有一座项王庙，又名黑公庙，供奉着项羽神。

从古至今，全国各地有关项羽神显灵的传说很多。

五、学术研究

自汉以后，国内虽然没有出现专门研究项羽文化的机构和专家，但是，项羽的故事传说就为历代诗词歌赋、文章典籍所引用，甚至夸张演绎，据《四库全书检索系统》显示，与项羽有关的内容多达5800余处。几乎每一代政治家、文化名流都有对项羽的各种评说，而且不受任何政治局势的影响。近代以来，关于项羽的学术研究从史学界发端，并且逐渐从《史记》和秦汉史的研究中独立出来，形成了对项羽的专门研究。尤其是新中国成立以来，以大学历史学科和社科研究机构为重点，项羽文化研究走向了日益繁荣的道路。

据学者不完全统计，自1980年至2010年，全国各类期刊发表的以项羽为研究对象的史学学术论著达200篇左右。

归纳学术界对项羽文化的研究，主要集中在如下几个方面：一是关于项羽的历史地位。史学界对这个问题基本上取得了一致认识。项羽虽然出身于楚国的旧贵族家庭，但他积极投入反秦农民起义，继陈胜、吴广之后成为反秦斗争的杰出领袖，在巨鹿之战中重创秦军主力，为推翻暴秦作出了卓越贡献，其农民起义领袖的历史地位是不容否认的。项羽对人民有一定的同情，他最先提出结束内战消除人民痛苦的问题，并通过乌江自刎而亲手解决了这个问题。他宁死不渡，不图一己苟存，不想称王割据，以个人的牺牲结束了楚汉战争，成全了西汉的统一大业，避免了南北的分裂，其历史作用不容否定。二是关于项羽的分封。概括起来，争论主要在三方面：项羽的分封是不是割据倒退？答案是否定的。项羽的分封是不是一种权宜之计？项羽的分封并非他个人的偶然行为，而是迫于当时的客观社会形势而采取的，分封不是他的长治久安之策，而只是一时权宜之计，客观上有利于出现一个相对稳定的政治局面。分封与成败的关系到底如何？大多数学者认为，没有必然的关系。三是关于项羽失败的原因，说法不一，有性格说，有民心说，有用人说，有分封说，有地理说，等等，不一而足。四是关于项羽和刘邦的比较研究，有从青年与老人比较研究的，有从重情重义与老奸巨滑上研究的，有从贵族与平民上研究的。总之，比较研究发现，项羽人格高尚，虽败犹荣。五是关于垓下战场和项羽自刎的地点。这个问题长期争论不休。2007 年，中国人民大学教授、中国艺术研究院副院长、中国红学会会长、中央文史研究馆馆员、著名红学家冯其庸先生发表《项羽不死于乌江考》一文，论证项羽战死于距乌江 100 多公里外的定远东城，立即引起轩然大波。据网络搜索显示，围绕该话题前后有 24 篇论文展开讨论。2011 年 11 月 16 日，由中国史记研究会、中国历史文献研究会、安徽历史文化研究中心、安徽师范大学文学院、和县项羽与乌江文化研究室联合主办的“项羽学术研讨会”在和县召开，专家学者们就“垓下之战与项羽败退路线研究、乌江与东城关系研究、四颓山考释、项羽自刎地考证及其他相关问题的研究”等五个主要议题进行了研讨。大家普遍认为项羽自刎乌江源于《史记》，是千古定论。但其后关于项羽死于何处依然争论不休。中国史记研究会会长张大可结合本次考察研讨，撰写了《论项羽》一书，2014 年由商务印书馆出版，堪称当代研究项羽的最权威著作。该书认为，项羽自垓下突围欲返江东，当时东走广陵路线不通，西走淮南、寿春，因周殷叛楚，亦成敌占区。项羽在长江以北的控制区只剩下淮南的东城、历阳两座县城。项羽只能突围南驰，取道东城从乌江浦渡江。与此同时，2012 年，据西安秦兵马甬一号坑考古发现，项羽并非火烧阿房宫，洗刷了项羽背了 2000 多年黑锅的冤枉。

此外，外国学术界对项羽文化也多有研究。据专家研究，在古代朝鲜半岛，学者对项羽的研究非常深入，并称“士不业学则已，业学必先看刘项事”，可见项羽文化在当时朝鲜半岛的普及。17 世纪朝鲜文人金得臣说他读《论语》《杜诗》2000 回，读《项籍传》1 万回。《史记英选》系由朝鲜正祖编定，故又名《御定史记英选》，全书共 6 卷 26 篇，其中就包括《项羽本纪》，而且是被列为第一卷第一篇。与中国历代学者一样，朝鲜半岛的学者对项羽的研究也大多从项羽的勇猛性格、贵族人格、战略战术以及成败得失等方面展开，大体对项羽褒多贬少。最有名者当数孙基洛、高云分别撰写的《项羽不渡乌江论》，成大中的《楚汉成败》，金湛的《增不去羽不亡论》等。1895年，法国汉学家沙畹翻译的法语《史记》出版，西方世界开始接触项羽并着手研究，后有英文版、俄文版等多个语种《史记》出版，一大批外国学者发表了观点各异的项羽研究论著。

六、项氏宗谱

项羽有后人，这已是不争的事实。陆续发现的资料显示，项羽后人散枝开叶，几乎遍及全国。据统计，项氏是一个典型的汉族姓氏，在当今姓氏排行榜上名列第192位，人口约150万，分布在23个省。据民国版《项氏宗谱》记载：浙江淳安、安徽徽州（含婺源）为项羽后裔，淳安及徽州歙县、婺源三地项氏在宋元明清时期有迁徙浙江、安徽、江苏、上海、江西、湖北、湖南、广东、广西、福建、河南、四川、重庆、云南、贵州、河北、北京、东北等地区。浙江某《项氏宗谱》记载为项伯（或项襄）的后裔，浙江缙云《项氏宗谱》记载为项梁的后裔，江西某《项氏宗谱》记载为项庄后裔。另外在南北朝时期，项氏有改为周姓（项猛奴改为周文育）、有赐辛姓的。

据中国家谱网站、中国图书馆、安徽和浙江等地博物馆提供的资料显示，民国前编修出版的项氏宗谱就达 21 种，其中最早的版本是刊行于 1757 年、现收藏于浙江省图书馆的《浙江杭州项氏家谱》。可见民国前的项氏宗谱主要集中在浙江、安徽、江苏三省。浙江主要有 9 种：《浙江杭州项氏家谱》《浙江松阳项氏宗谱》《浙江义乌霞峰项氏宗谱》《浙江余杭项氏宗谱》《浙江淳安紫峰项氏宗谱》《浙江临海项氏宗谱》《浙江喜善项氏支谱》《浙江淳安古睦溪仙溪项氏宗谱》《浙江永康鲁塘项氏宗谱》；安徽有 4 种：《桂溪项氏祠谱》《安徽歙县桂溪项氏宗谱》《安徽桐城项氏重修宗谱》《安徽徽州仙源东溪重修项氏族谱》；江苏有《江苏江阴云阴导墅桥项氏宗谱》。

据中华项氏文化网搜集，改革开放以后，项氏后人纷纷重修宗谱，项氏分布区域进一步扩大，几乎全国各地都有项氏居住，主要集中在河南、浙江、安徽、江苏、重庆、江西、广东、贵州等地，可查的宗谱有 30 种。河南省有《豫东项氏家谱》《漯河项氏宗谱》《濮阳项氏宗谱》《南阳项寨项氏家谱》《豫西项氏家谱》等。浙江省有《萧山衙前项氏宗谱》《宁波鄞西项氏宗谱》《宁波北仑后所项氏宗谱庆裕堂分谱》《富春项氏宗谱》《浙江丽水缙云县项氏宗谱》《浙江台州桃溪项氏宗谱》等。安徽省有《黄山桂溪堂族谱》《项氏宗谱》（安徽省桂溪郡树德堂九修宗谱）、《安徽桐城项氏宗谱（桂溪堂）》《安徽无为二坝项氏宗谱（崇报堂）》《项氏宗谱（安徽文明堂）》。另有《沭阳项氏族谱（辽西郡桂溪堂）》《重庆说善堂项氏宗谱》《东流项氏宗谱（树德堂）》《项氏宗谱（罗田义水敦伦堂）》《项氏宗谱（敦伦堂）》《汝南项氏宗谱（江西乐平卷）》《贵州遵义项氏家谱》等。

第四节 历史遗存

文化既是无形的，也是有形的。项羽文化不仅以它的精神内涵和传播途径保持着长久的活力，而且还以它留在祖国大地上的许多历史遗存彰显着它的生命力。时隔2000多年，以项羽活跃的轨迹为线，在江苏、山东、河北、河南、陕西等地至今依然保留着许多与项羽有关的故居、故宫、古战场遗址、景区等名胜古迹，甚至在项羽足迹尚未踏过的福建、云南、台湾等地，至今还保留着祭祀项羽的庙宇，以及多得难以统计的地名和美食。它们时刻承载并传诵着项羽文化。规模最为宏大的当数项羽出生地宿迁的项王故里、西楚故都徐州的戏马台、项王自刎地乌江的霸王祠、湖州的项王公园和西安临潼的鸿门宴遗址。本节侧重介绍除项王故里之外的项羽文化历史遗存。

一、名胜景区

1. 徐州戏马台

徐州是西楚霸王的故都，有戏马台、西楚故宫、白云洞和九里山古战场等诸多与项羽有关的历史遗迹。戏马台与苏州园林、南京六朝石刻并列为江苏“三宝”。位于徐州城南，为国家3A级历史文化名胜景区。公元前206年，项羽自立为西楚霸王，定都彭城（今徐州），在城南山上构筑高台，观赏士卒操练、赛马，后人称之为“戏马台”。戏马台以风云阁为中轴线，分东西两院。东院“楚室生春”，立身高2.9米，威风凛凛的项羽石刻像；西院“秋风戏马”，置巨鼎一尊，鼎腹铸“霸业雄风”四字，寓意项羽“力能扛鼎、才气过人”的英雄气概。追胜轩外的天然大

徐州戏马台

徐州西楚故宫

石，其形巧妙天成，似一将军仰天长啸，又像一巨型骷髅，故被称为“啸天石”“人杰鬼雄石”，观石令人想起李清照的《夏日绝句》。作为军事家的项羽筑戏马台，并不限于有闲取乐，更重要的是出于战略考虑。历朝历代，文臣武将和诗人骚客纷至沓来，或登临高台扼腕痛惜，或触发思古之幽情，谢灵运、张籍、苏轼、陈师道、文天祥、萨都剌、袁枚、阎尔梅等，在此都留下了传世之佳篇。戏马台历经沧桑。自楚霸王项羽在乱石荆棘中营辟高台，后人出于对英雄的景慕和瞻仰所需，陆续在台上进行建筑。其中风云阁最为著名，可作为戏马台古迹的标志。风云阁又称戏马台碑亭，建于清道光二十八年，双层飞檐，六角琢空，丹柱釉瓦，高耸三丈有余，翘然立于台中，颇具风采。其南檐下嵌有四字篆额：“从此风云。”亭内石碑镌有“戏马台”三字，古朴庄重，气势恢宏，为戏马台增色不少。遗憾的是，由于徐州迭遭水患兵灾之苦，其他建筑大多倾圮，到了近代，宽阔的台面，只剩下风云阁的立身之地了。1986 年初，徐州市人民政府为了纪念推翻中国封建秦王朝的英雄项羽，重修戏马台。重修后的古台结构严谨，布局匀称，错落有致，沉雄庄重。

2. 湖州项王公园

项王公园位于湖州城北大桥龙溪港东岸的地段，相传是湖州的老城门之一奉胜门的遗址所在。传说项羽率八千江东弟子西击暴秦，就是从该门“破凶门而出”，为了纪念楚霸王，便将奉胜门叫作“霸王门”。据《湖州府志》和《乌程县志》等资料记载：湖州古城分为二重，里面的叫“子城”，外面的叫“罗城”。子城也称项王城，为项羽所建，其地在爱山广场附近；罗城城墙依水而建，呈六边形，开九门。其中，北边曰奉胜门，俗称霸王门，是湖州城北控太湖之门户，历来为兵家必争之地。项王公园就位于奉胜门遗址附近，飞凤大桥和城北水闸之间河段的南岸。项王公园包括城门、项王长廊和周边绿化。在原奉胜门遗址西北处为城门与城楼（项王楼），城门西北侧为项王长廊，南侧为广场，两侧绿地围合烘托。在公园中共设置三组雕塑，其中城门北侧正中放置项羽主雕。面积2.64万平方米的项王公园于2010年2月9日正式向游人开放。

3. 乌江霸王祠

湖州项王公园

湖州项王公园夜景

又名项亭、项王亭、项王祠、英惠庙、项羽庙、西楚霸王灵祠等，位于安徽省马鞍山市和县乌江镇南1公里的凤凰山上，现为国家3A级历史文化风景名胜区。公元前202年，项羽兵败自刎于此，当时就墓葬了项羽的“分裂之余”即残骸和血衣，故称“衣冠冢”。后人于此建亭祭祀，人称“项亭”。唐初建祠，上元三年（762年），书法家李阳冰撰额曰：“西楚霸王灵祠。”唐会昌元年（841年），宰相李德裕撰写《项王亭赋并序》称：“自汤武以干戈企业，后之英雄莫高项氏，感其伏剑此地，因此，赋以吊之。”历代屡经修葺与扩建，有正殿、青龙宫、行宫、水灵宫等共99间半。传说皇帝方可建祠百间，项羽虽功高业伟，但终未成帝业，故少建半间。殿内有项羽、虞姬、范增等人塑像并有石狮、旱船、钟、鼎、碑等文物。唐宋诗人孟郊、杜牧、苏舜钦、陆游、王安石、李清照等均有题诗。后屡遭兵燹，大部分建筑被毁。清同治七年（1868年），重塑霸王像，悬“拔山盖世”匾额，并有楹联曰“山襟水带，虎啸龙吟”。新中国成立后，祠内仍有塑像数尊。“文化大革命”中，塑像、墓地被毁，仅存正殿三间与两侧厢房，改为乌江

乌江霸王祠

农业中学校址。1984年6月，重建享殿五间，面积188平方米。殿中塑仿青铜霸王立像一尊，高达2.66米。门匾“霸王祠”三字为原国防部长张爱萍所题。霸王墓，又称“衣冠冢”，建于霸王祠后面，原墓隆起，砌以青石，呈椭圆形。墓前有明万历和州谭之凤题“西楚霸王之墓碑”。

4. 虞姬文化园

虞姬墓位于安徽宿州市灵璧县城东，是国家4A级历史文化景区，安徽省重点保护文物。历经千年，时坏时修。墓侧曾建有虞姬庙，庙内塑有项羽、虞姬像，人物造型极为生动。园内有陈列室，陈列室采用砖木结构，粉墙小窗，青灰色小瓦，内进雕梁画栋，结构巧妙。室内陈列着垓下和虞姬墓中出土的文物、有关的史料和诗词歌赋。2011年初，灵璧县开始建设虞姬文化园，占地300余亩，总投资5000万元。文化园包含虞姬文化展示区、霸王别姬休闲广场、霸王文化展示区。园内亭台楼阁，雕梁画栋，结构巧妙。相传，虞姬自刎后，项羽带着她的尸体，向南驰走，不料汉兵追至，项羽无可奈何地丢下了虞姬的尸体。后来这里出现的村庄就叫“霸离铺”，意指霸王别姬

灵璧虞姬文化园

之处。项羽突围后，虞姬的尸体被来不及突围的楚兵移葬于“霸离铺”东2.5公里处，后来这里出现的村庄就叫“虞姬村”。两处自得名以来，至今沿袭不变。

5. 徐州楚园

2014年4月18日，徐州市建成首座以项羽和彭城西楚文化为主题的公园——楚园，占地635亩，以南、北广场为轴心，分为生态游憩区、文化休闲区、主入口区和玉潭湖水景区。公园体现了浪漫、自由、奔放的楚文化内蕴,包括刻有咏楚诗句的楚文化石雕、独特楚文化符号的祥云坐凳、古代兵器“戈”形的路灯，以及白墙青瓦的仿古楚汉样式建筑等。公园的战神广场上矗立着主题雕塑——战神项羽。植以榉树、朴树等高大落叶乔木，凸显项羽“力拔山兮气盖世”的伟岸，同时辅以桂花等小乔木，遍种虞美人花等灌木，营造出美人伴英雄的意境。

6. 南京浦口项羽文化公园

2007年，项羽与浦口的历史传说被南京市人民政府列入首批南京市非物质文化遗产名录。为弘扬项羽文化，浦口区在乌江新市镇打造项羽文化园。以项羽征程所经“垓下溃围南驰—渡淮河—至阴陵—迷失

南京浦口项羽文化公园

道—陷入阴陵大泽—出泽往东—至东城县境—快战四颓山—乌江拒渡—步战自刎”为轴线，提炼出“英雄序曲、阴陵迷道、阴陵大泽、快战四颓山、血战乌江浦、虞姬花园、项羽之谜”七个篇章，演绎项羽的英雄传奇和悲壮爱情。

此外，巢湖市散兵镇项山村世代居住着西楚霸王项羽的后裔。项氏宗族万余人自筹资金490多万元，打造占地21亩的项羽文化园，分项氏宗祠、碑林长廊、1500平方米的长寿厅三大块。文化园广场矗立着身披红色披挂、高约5米的项羽铜雕像。

二、战争遗址

1. 巨鹿大战遗址

位于河北省平乡县平乡镇附近。《巨鹿县志》记载，巨鹿城为唐以后所筑新城，距离旧城十一里路。

2. 临潼鸿门宴遗址

位于临潼区新丰镇鸿门堡村，距秦兵马俑博物馆2.5公里处。它南依骊山，北临渭河，地处潼关通长安之要道。遗址前横着1公里长的峁塬，中间像刀劈似的断为两半，南北洞开，犹如城门，鸿门因此而得名。宴会遗址用青砖砌成，呈正方形，长、宽各14

米，高 3.5 米。宴会台北面的宴会厅，展出复原的历史场景“项庄舞剑、意在沛公”的场面，将鸿门的紧张气氛表现得淋漓尽致。馆内占地 10000 余平方米，拥有三个展厅、两处遗址、一处碑林。

3. 彭城大战（九里山古战场）遗址

古名九嶷山，位于徐州西北郊的九里山，共有 9 座山峰，因自西南逶迤东北连绵九里而得名。据统计，自春秋至新中国成立前，在九里山地区发动的战争多达 400 余次。其中最著名的当数楚汉争霸时的彭城大战。公元前 205 年，项羽率部向北伐齐，刘邦联合韩、魏等诸侯军队 56 万人，趁机东向伐楚。项羽闻讯后，亲率 3 万精兵南下回击，在九里山前大败汉军，俘获刘邦父亲和妻子，夺回彭城，刘邦败走荥阳，从而创造了又一个以少胜多的经典战例。公元前 202 年，项羽在九里山中了韩信的十面埋伏，败走垓下。在九里山的山口崖壁上刻有张爱萍将军书写的“九里山古战场遗址”石刻。

4. 荥阳鸿沟遗址

即现汉霸二王城，又称楚河汉界风景区，位于河南省郑州市荥阳西北约 17 公里的广武山上。西城为

鸿门宴博物馆

鸿门宴遗址

汉霸二王城

刘邦所筑，称汉王城；东城为项羽所筑，称霸王城。二城中隔广武涧（即鸿沟），涧深200米，宽100米，口宽约800米，南北走向。此涧即“楚河汉界”。二城之北紧靠黄河，西南万山丛错，形势险要。现存的汉霸二王城，由于黄河的不断冲刷侵蚀，早已失去原貌，特别是二城的北墙已塌入水中。据1980年实测，残存汉王城东西长530米，南北长190米，墙宽30米，高约6米，最高处10米；霸王城东西长400米，南北长340米，墙宽28米，高约7米，最高处约15米。二城夯层基本相同，均系平夯，用土呈黄褐色。汉王城西另有一夯土城，据传为张良所居之“子房城”。汉霸二王城以楚河汉界为背景的文化资源丰富，特别是“楚河汉界”以其独特的历史见证留在中国象棋的棋盘上，是2000多年前那场楚汉战争的鲜活的见证。1986年7月被公布为省级文物保护单位，2013年5月，被国务院核定为第七批全国重点文物保护单位。

5. 垓下古战场遗址

位于安徽省灵璧县城东南24.5公里处的韦集镇垓下村附近。这里南部陡峭，标高18.77米；北部渐次平缓，标高15.22米，高程差3.52米。属自然形态的高岗绝岸地形，面积约25万平方米。垓下是刘邦、项羽长达4年之久的“楚汉战争”的最后决战之地，被列为世界著名古代七大战役之一。曾经出土过铜镞、铜剑等文物，地表上采集到大量的陶器、砖、瓦残片。历史上许多文人墨客到垓下凭吊，留下许多感怀诗篇。2013年5月，被国务院核定公布为第七批全国重点文物保护单位。

三、祭祀庙宇

南北朝时，项羽被封神入佛以来，全国从北方的河北到南方的台湾建有许多项王祠、项王庙，供奉项羽，祈求庇佑平安。河北、河南和江苏部分地区的古代项王庙毁坏未得修复。现存香火旺盛的祭祀项王的庙宇有：安徽和县乌江霸王祠，福建长汀县西南的濯田镇，以闻名遐迩的“五庙六霸王”享誉江西、广东、福建三省交界地区，不大的村寨建起五座霸王庙、一处霸王寨，专供奉祀西楚霸王神的场所共有六处。村民无论喜庆营建、求财求运、祈雨驱灾，无不敬拜于霸王神；当地民众将项羽视为神灵，称为“公爹老人”或“老爹爹”。现在每年正月十五元宵 节和二月初二两次举办隆重的游神仪式，祈求项王神庇佑 百姓，

长汀霸王庙内景

为民造福。江苏无锡有项王庙，海南北港岛有项王庙（黑公庙）。中国台湾的云林有项王庙，又名龙宝殿，位于云林县水林乡水南村埔尾路 59 号。明朝天启元年（1621 年），当地许姓先祖许祥仰慕项羽神威，由大陆奏请项羽木雕金身渡海去台奉祀。因为项王时有显灵，许姓和当地士绅便建造了项王庙祭祀，也是全台唯一以项羽为主神的庙宇。

四、相关地名

地名承载着文化。现存与项羽有关的地名是项羽文化的点状历史遗存，只是无人统计。这些地名大体分为两类。

一类是项羽生前活动经过的地名。根据《史记》记载，按照项羽生前活动所经之地，至今仍有其名的地名大约有 61 个，先后为：下相（今宿迁）、吴中、会稽、浙江、广陵、江东、东阳、下邳、彭城、胡陵、襄城、盱眙、东阿、濮阳、定陶、睢丘、陈留、巨鹿、安阳、漳南、咸阳、殷墟、新安、关中、函谷关、霸上、新丰、鸿门、山东、河北、河南、平阳、洛阳、九江、临江、江陵、辽东、胶东、临甾、博阳、长沙、郴县、即墨、城阳、平原、泗水、灵璧、下邑、荥阳、成皋、广武、东海、汜水、睢阳、鸿沟、阳夏、固陵、垓下、阴陵、东城、乌江。许多地方留下的遗迹和遗址，至今令人一想起地名就想起项羽，如下相、江东、彭城、巨鹿、鸿门、垓下、东城、乌江等。

一类是后人为纪念项羽而起或更改的地名。这类地名主要集中在项羽的出生、起兵、打仗、定都、自刎等江苏、浙江、安徽、河北、河南、陕西等省。其中，江苏宿迁有探楚庄、朱项庄、扳倒井、霸王桥、项里街道、项王桥、项王路、项家花园等；徐州有西楚故都、彭城路等；河北唐山市有地名“项庄”；河南荥阳广武山有霸王城，潢川有霸王台；山东青岛有霸王寨、霸王洞；浙江绍兴有项里村，长兴有霸王潭；陕西西安有霸王沟；安徽有马鞍山，固镇有项井，灵璧有霸离铺，巢湖有打虎墙、虎斑岩、霸王石、霸王城、楚歌岭、散兵、走马岭、睡牛、笔架山等等。南京浦口有瓢儿井、点将台、饮马池、高望、兰花塘、红绣鞋、失姬桥、胭脂井、魂落铺、九头亡、勒马想、霸王泉、驻马河、滚马滩、霸王庙、御祭庵、鬼门关、晾甲庙、下马石、霸王鞭、四马山（又名四溃山）21处之多。每个地名都有项羽的传说流传至今。

第三章 游项王故里

英雄总有出处。在各地众多纪念项羽的名胜中，项王故里无疑是历史最悠久、规模最宏大、史料最丰富的一处。司马迁在《史记·项羽本纪》里记载："项籍者，下相人也，字羽。"下相，即今天的江苏宿迁。项王故里坐落于江苏省宿迁市宿城区梧桐巷，古黄河与京杭大运河之间，徐淮路东侧，是楚国贵族、秦末农民起义军的领袖，"拔山盖世"的英雄、西楚霸王项羽的出生地，也是中国目前最大的以项羽和项羽文化为主题的项家宗祠。现为国家 4A 级景区，总占地面积近 959 亩，建筑面积约 35 万平方米。分为项王故里

AAAA
国家级旅游景区
NATIONAL TOURIST ATTRACTION
全国旅游景区质量等级评定委员会
CHINA NATIONAL TOURIST ATTRACTIONS QUALITY EVALUATION COMMITTEE

新的项王故里航拍

核心景区、梧桐巷传统街区、西楚大街商业休闲区、滨水文化休闲区、商业文化休闲区、滨河商业休闲区等六大功能片区。

项王故里的核心景区由古城门、项羽雕像、重瞳宫、项府、项苑、将署、项王故居、项家宗祠、霸王古今馆、虞家老宅、真如禅寺等主要景点组成。景区建筑风格以楚地汉风为主，兼具宫廷建筑和园林建筑特色。项王故里是项羽文化的标志性符号，更是宿迁的地标性建筑。游览宿迁，探寻楚汉文化特别是项羽文化，不到项王故里就等于没到过宿迁或没触及到楚汉文化。

第一节　项王故居

项王故居是项王故里核心景区的精华，坐落在核心景 区的北部。既独立成院，又有前后门与其他景点相通。故居共由三进院落仿汉式建筑组成。正门上悬挂着清末皇帝 溥仪弟弟溥杰用宫阁体题写的“项王故居”。

1. 项王故里碑

在项王故居门前的石桥边上，矗立着一块醒目的石碑，高 6 尺、宽 2 尺，上面镌刻着黑底白字阴文“项王故里”，立碑人为康熙年间宿迁知县加三级胡三俊。

这是一个很有意思的落款。按照古代官阶，知县为七品官，再加三级，那就是四品大员，相当于如今的省部级官员。据说胡三俊任宿迁知县清正廉明，治理有方，百姓得以安居乐业。康熙皇帝屡次提拔胡三俊，当地百姓都联名奏请胡三俊留任。念于民意，胡三俊连升三级官阶，却仍留在知县任上。当地百姓还传说，立碑处即为项羽出生地。

项王故里碑身下面驮碑的石兽是赑屃，是一种龙头、龟身、蛇尾的吉祥物。相传赑屃是龙的九个儿子中的老大，好文，还好负重。传说在上古时代，赑屃常驮着三山五岳，在江河湖海里兴风作浪，大禹治水收服了它。它服从大禹的指挥，推山挖沟，疏通河道，为治水作出了贡献。大禹担心赑屃到处撒野，便搬来顶天立地的特大石碑，上面刻着治水的功绩，叫赑屃驮着，沉重的石碑压得赑屃不能随便行走。宿迁当地有民谚传说：摸摸赑屃的头，一辈子不用愁；摸摸赑屃的腚，一辈子不生病。所以，项王故里碑下的赑屃头尾被游客摸得光滑明亮。

2. 英风阁

项王故居的前庭是一座山门，俗称“过道屋”。

走过山门，眼前就是以宫殿式建筑英风阁为主体的中院。英风阁的匾额由原中国佛教协会主席赵朴初题写，取项羽“英风长存”之意。中院呈正方形，中线两边生长着两棵橡树和两棵槐树，谐音表达怀念项羽之意。拾级而上，英风阁内当门是一尊项羽全身汉白玉雕像，高 3.1 米，以示项羽 31 岁人生。雕像顶天立地，高大威猛，英姿飒爽，目光炯炯，手握石碎，为当地著名雕塑家张劲扬先生所作。雕像的特别之处在于生动刻画了项羽恨天无助、恨地无还、拔山盖世的英雄霸气。雕像上方悬挂着中国现代草圣林散之先生题写的匾额“英雄盖世”。据传当初请林散之先生题写的是“盖世英雄”，但他思考再三还是题写成了“英雄盖世”。因为在他的理解中，盖世英雄有很多个，而英雄盖世却就只有一个，项羽是凌驾于盖世英雄之上的英雄。雕像两侧悬挂着原中国佛教协会主席、著名书法家赵朴初书写的楹联，形象概括了项羽短暂而辉煌的一生。英风阁东西两面分别陈列着霸王戟和霸王弓、霸王剑以及霸王铠甲。其中霸王戟长 5.5 米，重达 150 千克；霸王弓弓长 3 米，重达 64 千克；霸王剑长达 1.28 米，重 50 余千克。哪一件兵器都只能由力能扛鼎的项羽使用。墙上嵌着反映项羽生平的壁画 6 幅。

3. 霸王鼎

英风阁门前的庭院当中放置一尊青铜圆鼎，镌名“霸王鼎”，为 1996 年徐州卷烟厂铸赠。霸王鼎高 2.6 米，直径 1.9 米，重达 8000 千克。鼎上铸有记述项羽功绩的 16 行 64 字铭文，铭文由宿迁当地文化名流陈鼎翔先生所撰，西泠印社社员、中国书法家协会会员、首届宿迁市书法家协会主席、著名书法家刘云鹤先生所书。大篆苍劲有力，浑然一体，更显霸王鼎气势雄伟、古朴壮观。

4. 纪念碑廊

项王故居山门的英风阁的东西两边建有碑廊，形成拱卫英风阁的环形廊道。东廊是“项羽本纪长廊”，镶嵌着中国书法“兰亭奖”一等奖获得者、江苏著名书法家戚庆隆书写的《项羽本纪》全文石刻。西廊是“诗文碑刻长廊”，镶嵌着毛泽东和林散之、赵朴初、舒同、启功、沈鹏、尉天池等当代知名书法家书写的历史名人歌颂项羽的诗作，表达了伟人和文化名流对贵族英雄项羽的赞扬。

5. 系马亭

系马亭位于项王故居的第三进院落东面，早年叫槐安亭，是一座四柱圆形石亭。亭前有一饮马槽，槽边立着一匹石马，石马浑身乌青，马背驮鞍，但鞍上无人。马首低垂，面对马槽，无心进食。马旁立着刻有“乌骓马”字样的石碑，可知此马正是项羽的良驹宝马——乌骓马。但与项王故里景区大门前背负项羽征战沙场的那匹四蹄生风的乌骓马不同，系马亭旁的乌骓马明显是乌江边上替主人悲鸣的那匹。乌骓马首下的饮马槽是1985年于宿迁境内出土的文物，据考证，整块石头凿成的饮马槽有8个系马孔，为项羽屯兵彭城时饲马所用，距今已有2000多年的历史。

6. 项王故居纪念室

项王故居的第三进院落是纪念项羽的场所，门庭匾额为现代草圣林散之所题的“项王故居纪念室”。纪念室又分为前后相邻的两进院落。前院三间，是祭祀场所。中间是过道。东室是项氏名人展区，取名“英雄辈出”，室内供奉有项羽祖父项燕和叔父项梁。帷帐下的父子披坚执锐，英姿勃发，墙上悬挂项氏名人简历。西室是项羽虞姬展区，取名“情动千古”，供奉着项羽和虞姬。项羽头戴皇冠，分封天下，霸气十足；虞姬雍容华贵，端庄美丽。墙上分别绘有项羽和虞姬的画像，并介绍二人青梅竹马，夫唱妇和。

后院房间较多，且有东西配房，实景再现了项氏的家庭生活。正屋东首是项羽父母卧室；中间则是项家客厅，分别设有主人案榻、客人案榻和鼓瑟拨琴场所；西首设项羽卧室和书房。卧室温馨幽静，一尘不染；书房青灯明灭，黄卷在案，只是不见主人。

“项王故里”碑

赑屃

英风阁

汉白玉项羽雕像

霸王戟

霸王弓

霸王鼎

碑廊

《项羽本纪》全文石刻

系马亭

乌骓马

四孔马槽

项王故居纪念室

项羽和虞姬

第二节　项里桐

项王故居的第三进院落里有两棵树，值得单独书写。一棵是槐树，另一棵是梧桐树。这里先说那棵梧桐树。

2000多年前的宿迁，当时因位于相水下游而得名下相。下相城里有一条巷，名叫梧桐巷，居住着一门楚国贵族项氏家族。

顾名思义，梧桐巷里肯定有梧桐。不错，中国人对许多植物寄予了美好情感和深刻寓意，梅兰竹菊都被赋予了君子品质，而梧桐同样常被象征品质高洁。它与传说中的吉祥鸟凤凰常常连在一起，而凤凰正是楚国人的图腾。

据考证，楚国先民崇拜火和太阳，以凤为图腾，认为凤是火的精灵，非梧桐不栖。凤又称“日中之鸟”，因此，楚人视凤为火和太阳的化身。中国第一部诗歌总集《诗经》就有“凤凰鸣矣，于彼高岗；梧桐生矣，于彼朝阳”的诗句。意思是凤凰鸣叫，在那高高的山岗上；它们栖息的梧桐树生长起来了，在那向阳的山坡上。由此可见，种植梧桐树与楚国人的图腾关系紧密。进入汉朝，皇家宫苑里广植梧桐。中国人偏爱梧桐一

梧桐巷

项里桐

直延续至今。

民间有谚：没有梧桐树，招不来金凤凰。传说凤凰非梧桐不栖。反之，栽下梧桐树，招来金凤凰，逻辑上一点没错。凤凰只不过是传说中的吉祥鸟，至于喜欢栖息在什么树上，谁也没有见过。但梧桐树倒是实实在在的原产于中国的一个树种。梧桐树干挺拔，树叶肥硕，象征着品格高洁、爱情忠贞，甚至离情别绪和孤独忧愁。因此，这条梧桐巷该是充满诗意的街巷。

梧桐巷里，梧桐森森，庭院深深。不难想见，这条巷里，曾经车轮滚滚，马鸣啸啸；这条巷里，曾经峨冠博带，红粉流盼；这条巷里，曾经人丁兴旺，富甲一方。名门望族的项氏一脉在这条巷里繁衍生息，不断涵养着以国为家的家国情怀。

一条叫了2000多年的梧桐巷，如今真的还有梧桐吗？有，不过仅存一棵梧桐树。就像个体生命的名字之与一个物种名字一样，它已经有了独特的名字——项里桐。因为这棵梧桐树不仅独一无二，而且与梧桐巷里曾经住过的贵族项氏有关，更与从梧桐巷走出的古今无二的英雄项羽有关。

传说，在这棵项里桐树下埋着项羽的胞衣。

关于项羽出生的传说很多，流传至今最普遍的要数“龙生虎养”一说。甚至传说他是秦始皇与龙女化作的孟姜女所生，难免牵强附会。但项羽家乡的宿迁人始终相信项羽出生于梧桐巷，而且按照当地风俗，胞衣就埋在这棵梧桐树下。这棵梧桐树因有了项羽胞衣的滋养而茁壮成长，历经2000多年，虽几经枯荣却依然枝繁叶茂。现在人们所见到的这棵梧桐树已经是第五代再生树。说也奇怪，在第五代再生梧桐树的根部居然又长出了新枝来，如此生生不息，似乎象征着项羽的贵族英雄精神浩气长存，代代相传。

第三节　项王手植槐

项王故居的另一棵树就是与青桐相距不足50米却比梧桐树更有名的槐树。它像一个荣誉等身的将军披红挂花，成为游客们叹为观止的一景。它就是被植物学家誉为“天下第一槐”的项王手植槐。

据2014年江苏省绿化委和林业局编纂出版的《江苏古树名木》一书记载，江苏十大寿星树中，这棵项王手植槐以2230年树龄位居200棵500年以上古树第一，列为国家一级保护古树名木。

这棵国槐相传是项羽离开家乡时亲手栽植，虽没有史实为据，但有许多文献史料可以佐证。清代编纂的《江南通志》记载：相传项羽亲手所植；《淮阴风物志》（宿迁市1996年前为淮阴市管辖）记载：宋初，黄河夺泗入淮，下相城湮圮，但项王故里的古槐幸存。可见起码在宋代，这棵国槐就有名了。

中国古代名人手植名木蔚然成风，现存不少，黄帝手植柏、孔子手植桧、汉光武帝手植槐、魏徵手植槐等。这些名贵树种往往千年不朽，与先贤名人的嘉德懿行一样，泽被后世，流芳千古。换个角度说，后人为彰显先贤名人事迹，寄托追思缅怀，也会赋予古树名木人格化品质。于是，便有了大量的名人手植树木供后人瞻仰。项王手植槐理所当然就是其中的佼佼者。

项王手植槐不愧是天下第一槐，根部5人张臂合搂不来，东西两个主干呈“V”字形，像托举的双臂。虽然没有挺拔的英姿，但“V”字形主干上枝叶茂盛，苍翠欲滴，团团如盖，绿阴匝地。其中西侧主干腐烂中空，是1974年遭遇雷击留下的创伤。经过林业专家多年的修复保护，项王手植槐返老还童，焕发出勃勃生机。

如今枝繁叶茂的项王手植槐现存地面上的“V”字

枝繁叶茂的项王手植槐

形主干只是枝干，并不是真正的主干，其主干部分已在万历四年（1576年）的一次黄河泛滥时埋入了地下。项羽手植槐历经无数风霜雨雪，却奇迹般存活了下来。顽强的生命力昭示着项羽的灵性不朽，寄托着人们许多美好的愿望。

在项王手植槐四周的铁栅栏上系满了红绸彩带，那是游客们在向天下第一槐求子祈福。

第四节　故里新八景

项王故里景区门前的广场上矗立着一座项羽跃马驰骋的青铜雕塑，高9.9米，是目前中国国内最高的项羽雕塑，为中央美院隋建国先生所作。

1. 项羽青铜雕像

青铜雕塑坐落在草坪花坛中的一块巨石基座上，正面向西。巨石沟豁纵横，布满沧桑，但又坚实稳重，承载并托举着盖世英雄。巨石西方镌刻篆书“项羽”两字。巨石上一身盔甲的项羽纵马驰骋，横剑远眺，目光深邃，健硕魁梧，战袍飞舞。胯下乌骓马四蹄生风，啸啸嘶鸣，忠心耿耿，伴随着主人征战沙场。雕像高大威猛，栩栩如生，仿佛从大门内飞奔出来，顶天立地，

项羽青铜像

霸气十足，令人敬仰。

2. 汉式宫阙

项王故里景区的古城门是一座雄伟的汉式宫阙，由一座主城楼和两座阙阁组成。下车伊始，你在为项王故里景区恢宏气势震撼的同时，一定会对项王故里的正门心生疑惑：正门怎么会面西开放呢？按照中国传统观念，建筑坐北面南为常规，坐西面东为特例，而项王故里却坐东面西，究竟是怎么回事？据传，项氏家族的门历来是向西的，早在康熙四十年（1763 年）在此立“项王故里”石碑时就是向西的。另一个原因大概是项羽建立的西楚王朝定都彭城即现在的徐州在宿迁西方，早年宿迁城内的霸王举鼎广场的项王举鼎雕塑也是面向西方，可能有门朝故都之意。沿袭旧例，如今的项王故里依然正门向西。

走进城门向东远望，一派汉风楚韵的古建筑群尽收眼底，仿佛穿越到了 2000 年前的秦代。且慢，先拾级而上，登上 24.5 米高的城楼去看看。城楼上楚旗猎猎，等身雕塑的守城官兵手握冷兵器庄严肃立。登临城楼，仿佛身处遥远的古战场。迎风极目，鳞次栉比的楚风建筑群——项王故里景区一览无遗。不远处一组金黄

汉式宫阙

色琉璃瓦建筑群镶嵌在项王故里景区里，那是陕西法门寺下院真如禅寺，与项王故里景区相映成辉，浑然天成。远处的滔滔运河也在眼前逶迤南去。沿着城楼走下台阶，便进入城楼内部。这里有“风云楚国八百年”展览长年展出。展览以雕塑、图片、绘画配以文字等形式，分阶段展示了800年楚国的历史和文化。

3. 盖世广场

项王故里景区中心是一个大型广场，名为盖世广场。几乎所有景区建筑都分布在盖世广场周围。南有景区办公楼，西为景区城楼和古今馆，向北不远处便是景区最核心的项王故居。广场东面平行连体的是两大建筑，主体建筑是将署，突出的部分则是盖世阁舞台。盖世阁舞台由当地书法家吴应宁题写匾额和楹联，舞台后面南北分别由一条廊道通往两座鼓楼。鼓楼内各置一面皮鼓，南鼓设《加官进禄》鼓谱，北鼓设《项羽点兵》鼓谱。游人按鼓谱击鼓，鼓声激越，震撼人心。盖世阁舞台天天上演楚舞秀，身装楚服的男女反复演绎着项羽传奇。

盖世广场

城楼内的“风云楚国八百年”展览一角

4. 重瞳宫

重瞳宫位于盖世阁舞台后面、将署南门前面，因项羽重瞳而命名。建筑面积224平方米，是一座特别打造的电影院，设有82.5平方米环形巨屏，动感座椅140张，循环播放时长14分钟的大型5D主题电影《西楚王朝》，简洁抒情地向游人呈现着盖世英雄项羽波澜壮阔、气吞山河的鲜活一生。

5. 将署

顾名思义，将署是将帅议事办公的地方。将署是一个四合院建筑，主体建筑为两层楼房，东西两边的一楼分别以微景雕塑作品呈现项羽辉煌人生的片段。有项羽点兵、有巨鹿大战、有彭城大战、有鸿门宴，件件作品都栩栩如生，用壁画和实景配以文字展示项羽卓越的军事才能。跨过将署第一进院落后门，眼前豁然开朗出现一个天井。与私家豪宅天井不同的是，这里空间开阔，地势远高近低，俨然是一个重要的政治场所。这里陈列的同比例实景雕塑群再现了霸王戏下分封的生动场景。项羽端坐在中间台上，卫士持械分列两边，台阶下面东西各有18张案几，虽然没有18路诸侯雕塑，但置身其间，完全可以感受到西楚霸王项羽的冲天霸气。

二楼实景展示了项羽不战息兵、鸿门宴、分杯羹、敬敌父尊兄嫂、不渡江东心系黎民等雕塑实景，充分表现了项羽的贵族品质和爱国情怀。

将署内还设有偶得斋。偶得斋是游客互动体验区，里面设有毛笔字画体验区和显示触屏绘画区，并且在墙壁上设有壁画等几幅关于项羽的重大历史事件，让游客切身感受到项王故里景区的丰富性，同时又能挥毫泼墨，抒发自己的感受。

6. 项府

项府是项氏家族生活起居、嫁娶、宴会祭祀等的场所，通过10个展区，集中展示楚地的风土人情和独特魅力。“项府”匾额由宿迁市书法家协会主席张守跃题写。府邸共两层，一层设置了“楚风流韵、文明之光、万乘之国、神工意匠、民安物阜、长袖善舞、余音绕梁、千古离骚”等展厅，通过图表、青铜器、红黑漆器、车马等专题展示楚国的流变和古楚文化。

“楚风流韵”展区绘制了楚国版图和800年楚国历代君主年表，同时表明中华文明由中原文化和楚越文化所组成。

项羽点兵鼓

将署

将署内景

“文明之光”展区用多组青铜器展示了楚国冶炼技术和艺术创造，既有锋利如新的剑戟武器，又有形态奇特的各种器具，极富想象力，与中原出土的同时代青铜器迥异。

“万乘之国”展区以图和复原实物的形式展示了楚国的各种交通工具，数十种不同用途的车辆，从名称到形状非常新奇，其中复原的四马战车等颇受游客欢迎，争相留影。

“神工意匠”展区图文并茂地展示了楚国代表性工艺品——漆器。楚国漆器多是红黑两色，偶尔会有青色，色泽光艳，构思奇巧，既用于贵族的日常生活，又充满了艺术的神秘。

“民安物阜”展区，一面以实景微雕形式展示了楚国贵族生活的场景，一面以图文形式展示西楚民俗礼仪文化。实景微雕形象刻画了贵族的生活起居、宴饮、出游与狩猎、婚嫁与祭祀的不同场景和礼仪。与贵族生活场景对应的民俗礼仪则要简洁得多。

“长袖善舞”和“余音绕梁”展区分时段以真人秀的形式再现了楚地的舞蹈和民歌。

项府二层是西楚姻亲文化体验区，实景再现了贵族姻亲的场景，同时再现楚地婚配的纳采、问名、纳吉、纳征、请期、亲迎六个阶段的民俗礼仪。

项府设有三个游客互动体验项目。一是冰雪奇园，为游客互动拍照体验区，里面设梦幻的冰雕场景，有可爱的卡通形象，不仅可以打雪仗，还可滑雪滑梯，一场奇趣的冰雕嘉年华，一个盛大的文化庆典，一次梦幻的冰雕之旅。二是宴饮投壶游戏。三是射箭场。

7. 项苑

位于项府门前的项苑既是项氏花园，也是项氏家族练功习武的地方。邻近项府的地方是儿童游玩之处，高高的秋千架荡出千古风流，憨态可掬的古代铜人雕塑充满天真童趣。越过丘陵的甬道上，则有骏马飞奔，或有战车出没，仿佛是车辚辚，马啸啸的楚汉沙场。

8. 霸王古今馆

霸王古今馆共有四层，一层为古今大战西楚情，利用废弃铜铁，棱角分明地塑造了冷兵器时代的战争场景，体现战神项羽与现代战神穿越 PK 的场景。场面宏大，形式新颖，互动性强。

二层为光影英雄。这里有 10 余间试听室，通过项羽题材的多部电影、电视和多出戏剧、曲艺，以及数

项府

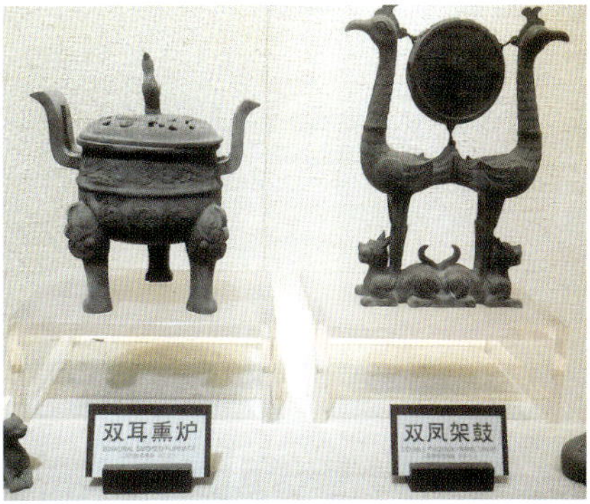

双耳薰炉、双凤架鼓

三羊开泰

楚国战车

曾侯乙豆、酒具盒

冰雪奇园内景

宴饮图

出游狩猎

楚人葬礼情景

十首歌曲等多种艺术，充分演绎楚汉风云、英雄项羽和霸王别姬等不朽的文艺主题，进一步拓展游客对项羽的认知。三、四层分别是儿童天地和休闲茶吧。

9. 水上游景区项目

项王故里景区位于大运河畔，水系发达，水网密布，景点之间多有水系连通。景区二期设有游船码头，游客乘一叶扁舟，荡漾在青砖黛瓦、桥影垂柳、古木栈道之间，再次品味英雄项羽传奇，别有一番滋味。

秋千

战车出没

骏马飞奔

霸王古今馆

游船码头

寺院落成典礼

第五节　真如禅寺

与项王故里毗邻的一片琉璃瓦寺庙建筑，就是著名的真如禅寺，又称南大寺或西安法门寺下院。如今的真如禅寺已经是项王故里景区的重要组成部分。

宿迁真如禅寺历史悠久，原名寿圣禅寺，始建于元大德年间（约1300年），由僧人绍清创建。明洪武三年（1370年）僧人善祥进行了第一次大规模修缮，天顺八年（1464年）僧人智兆又进行了一次重修，寺庙渐成规模。当时的寿圣禅寺四进院落，山门宽敞，楼宇轩昂，雕梁画栋，气势恢宏，僧侣众多，香火旺盛。后因连年战火，不断灾荒，民生凋敝，寺庙香火逐渐衰弱。新中国成立后仅余下25间庙舍，寺中僧人遂流落他方。残存的庙舍因年久失修，于1976年被拆除，唯有一株树龄600多年的古银杏树作为古树名木保存了下来。其树繁叶茂，见证了真如禅寺曾经的辉煌。

改革开放以后，广大信众、居士和原寿圣禅寺僧人多次申请恢复重建苏北名刹寿圣禅寺，寿圣禅寺重建工程于2001年6月获宿迁市批准立项。原寿圣禅寺僧人、后西安法门寺方丈净一大师亲自筹款200万元支持重建，提议更名为真如禅寺，并题写了寺名匾额。

真如禅寺全景

真如禅寺山门

真如禅寺碑亭

2001年9月25日举行了重建奠基仪式。重建的真如禅寺占地78.6亩，其中建设用地45亩。寺院依照原寿圣禅寺的建筑格局，同时吸收国内著名寺庙建设成果，总投资约4500万元。一期工程玉佛殿率先建成，于2002年10月20日举行开光及净一大师灵骨塔奠基仪式。2013年5月29日，江苏宿迁真如禅寺寺院落成暨全堂佛像开光庆典举行，国家和省市宗教界负责人、学诚会长等全国各地宗教知名人士以及信众近2万人前往膜拜。

重建后的真如禅寺建筑风格为仿明清式。主体建筑飞檐拱柱，琉璃金顶，回廊画栋，富丽堂皇。整体构造布局工巧，结构严谨，庄严古朴，气势非凡。山门面南，门前广场上，东西各有一座碑亭。

东亭内立有真如禅寺碑，为宿迁市人民政府2005年6月所立，记述真如禅寺来历。

西亭为三皇庙碑刻亭，亭内的三皇庙碑为宿迁市重点文物保护单位。此碑于1985年7月在项王故里东侧（即现真如禅寺大雄宝殿下）出土。碑刻名为《三皇庙创建两庑记》，为元代惠宗至元三年（1337年）刻成，内容记述邑宰王仲宽捐己俸禄修造三皇庙两庑

三皇庙碑刻亭

并塑十代名医像的功绩。碑高 3.84 米，宽 1.03 米。碑文显示，元代兴建的三皇庙供奉的是中国古代医药祖师伏羲氏、神农氏和有熊氏，三圣人都以医行世。

真如禅寺的山门大厅东西两侧供奉着风调雨顺四方神。第一进院落是玉佛殿，玉佛殿又名药师殿，供奉着东方药师佛。药师殿前立有四块无字碑石，庭前东西两侧又建有钟、鼓楼两座。东侧钟楼楼上悬有铜钟一尊，楼下供奉财神菩萨；西侧鼓楼楼上设有皮鼓一面，楼下供奉伽蓝菩萨。

第二进院落为真如禅寺的正殿即大雄宝殿。“雄”是佛家弟子对能雄镇大千世界的释迦牟尼佛的尊称，“宝”则是指佛、法、僧三宝。因此，大雄宝殿是寺院核心建筑，也是僧众朝暮集中修持的地方。真如禅寺大雄宝殿高大雄伟，气象庄严。二楼上方正中悬挂着原中国佛教协会主席、著名书法家赵朴初先生题写的“大雄宝殿”，两边悬“真如重光”“万德庄严”横匾，分别由宿迁市书法家协会主席、著名书法家张守跃先生和上海市普陀区书法家协会主席汤其耕居士所写。

大殿内供奉着现在、过去和未来三世佛，中间释迦牟尼佛，东为药师佛，西是阿弥陀佛，大慈大悲地保佑信众无病无灾，丰衣足食，没有烦恼，尽享安乐。三尊坐姿主佛前是阿难和迦叶两弟子，两侧是十八罗汉。佛像为浙江东阳木雕工艺，均为纯香樟木贴金做成。

大雄宝殿的汉白玉台阶下庭院开阔，整洁肃穆，庭院正中设有香炉，供香客焚香许愿。香炉两侧高高立有两座经幢塔，镶有莲花等图案，刻有《佛顶尊胜陀罗尼经》。

庭院的东西两侧分别设有配殿。东配殿供奉着文殊菩萨和观音菩萨，西配殿供奉着普贤菩萨和地藏菩萨。配殿匾额分别由中国第二届“兰亭奖”二等奖获得者、宿迁市书法家协会副主席兼秘书长、著名书法家孙冲先生等题写。

真如禅寺恢复重建以来，致力于打造药师文化，法事不断，祈求祛病防灾，祈福延年，天下永久太平。现由净一法师弟子德明法师主持，信众不断增加，香火日益旺盛。

真如禅寺药师殿

钟楼

鼓楼

净一法师故里纪念馆

净一法师故里纪念馆是一座二层小楼，位于真如禅寺大门外西侧，馆名为中国佛教协会会长学诚法师题写。

净一法师，俗名张家训，江苏宿迁人。出生于1922年农历九月九日，1940年慕道出家，在寿圣禅林（即今真如禅寺）修行。1945年在宝华山受戒，先后在镇江金山寺、扬州高旻寺、广东云门寺修行，亲近禅宗泰斗虚云老和尚3年，得法门心要。1951年至1983年先后驻锡陕西长安县净业寺、耀县大香山寺、扶风县贤山寺。1984年，人民政府把法门寺交归僧人管理，净一法师与澄观法师一道接收寺院。1986年于广东丹霞山别传寺本焕老和尚座下接法，为临济正宗第45代嗣法传人。1987年，佛指舍利再现于世，法门寺一跃成为国际名刹。1994年，在净一法师率领下，佛指舍利首次走出国门赴泰国供奉。1998年农历十月一日，净一法师升座荣作法门寺方丈。2002年2月23日，净一法师带病担任护送团副团长护送佛指舍利前往中国台湾供奉，为两岸佛教交流作出了巨大贡献。2002年农历六月十三日，净一法师在法门寺圆寂，世寿81岁。

大雄宝殿

真如禅寺大雄宝殿三世佛

普贤菩萨

文殊菩萨

真如禅寺《佛顶尊胜陀罗尼经》

2006 年 11 月，宿迁市在真如禅寺建造净一法师灵骨舍利塔。

2017 年 7 月 6 日，净一法师故里纪念馆开馆，中国佛教协会会长学诚法师等僧众参加开馆仪式。馆内一楼展示了净一法师用过的实物和生平图文，供后世瞻仰学习；二楼则是信众修炼场所。

藏经阁

真如禅寺西配殿

真如禅寺东配殿

净一法师故里纪念馆

净一法师灵骨舍利塔

净一法师

第六节　项王故里的变迁

自汉代以来，中国多地都留存有纪念项羽的庙宇亭台碑刻，作为项羽的出生地，宿迁也不例外。秦朝时名叫梧桐巷的项羽出生地后来改名为项王故里。虽然现在已经无法考证项王故里起名于何年何月，但有史料记载，在现在的项王故里的原址上很久以前就有纪念项羽的设施，有坊、有庙，庙里供奉着项羽，有僧人照管，而且曾经香火旺盛。直至明末清初，这里才坊毁庙圮，没有了僧人，失去了繁盛景象。有物为证，清康熙四十年（1763 年），宿迁知县胡三俊在此立下一块“项王故里”石碑，项王故里才载入史册。

一人故居，以王命名，非常罕见，由此不难看出项羽在中国人心目中的地位。

据《宿迁市志》（江苏人民出版社 1996 年 12 月版）记载：1931 年，项王故里设项里小学。1935 年，国民党西北军骑兵第一师师长张华棠率部驻扎宿迁，热心公益事业，积极倡导修复项王故里，在此设项里公园，建英风阁及槐安亭（后改名系马亭），以此维护古迹。后宿迁县长张乃藩又在原有基础上扩建，邀请乡绅商董在项王故里举办菊花会，以馈菊赏金名义集资，建起了汉代宫殿式建筑“英风阁”。英风阁内，陈列悬挂着集史册中的项羽传记、前人诗文、时贤题咏等，供人观赏。庭院四周，种植各种树木花卉。一时间，室内书画古迹琳琅满目，助人追思怀古；院内梅兰竹菊清香四溢，令人赏心悦目，成为远近闻名的名胜古迹、旅游胜地，慕名而来的人络绎不绝。

新中国成立后，项王故里稍加修整后再次辟为公园，但碑亭又在“文革”中被毁。1983 年，国家拨款 40 万元，重新修建了项王故里。重修的项王故里在原有基础上扩大了几倍，主体建筑为面南三进院落。但进入项王故里的正门却在庭院前的西面，而且地势几乎高过主体建筑。这是为什么？因为相传梧桐巷就是坐东面西，康熙四十年立的“项王故里”碑也是面西的；因此，为尊重故里原面貌，1983 年重建时尽管主体建筑三进庭院面南，但正门却还是面西开着的。正门不是真正意义上的门，而是一座石雕汉式宫阙，两边立柱类似华表。走进宫阙，项王故里全景尽收眼底，但要想进入项王故里还必须走下 31 级台阶。为什么不多不少修了 31 级台阶？因为项羽在世 31 年，走过 31 级台阶象征着走过项羽的一生，回到了他的出生地。

2011年，宿迁市启动项王故里扩建工程。2012年9月29日，一期工程10万平方米的核心景区盛大开园，即如今向游人开放的项王故里景区。二期工程于2012年8月开工建设，2014年年初基本建成并陆续交付使用，主要由梧桐巷商业区和西楚大街商业区组成，为核心景区的配套项目。根据梧桐北巷、大食坊、西楚大街以及项里东岸不同的业态定位，进行了商业布局。住宿方面主要有巴厘岛假日酒店、格林豪泰、锦江之星、7天优品酒店等国内知名连锁酒店。餐饮方面引进了“梧桐老院子”“老槐树”“农家小院”等为代表的具有宿迁地方特色的餐饮品牌，组成了大食坊美食一条街，基本完成了景区餐饮配套的业态拼图。休闲娱乐方面成功打造了西楚古玩城、跳蚤市场等文创产业项目，集中开业了楚风水韵温泉酒店、台北纯K、陆琴脚艺等一批商业项目。餐饮、住宿、娱乐、文创等产业初步实现集聚发展，进一步丰富了游客消费和体验。

项王故里景区三期工程主要结合一、二期设施及商业业态，以提炼西楚霸王项羽精神，突出西楚元素，建设梧桐里巷、戎马军营、西楚宫阙等，主要增加游客体验、互动以及演艺项目；以提升游客参与性和体

1991 年汉式宫阙

1996 年项王故里

验度为中心，新增室内外大型演艺、游乐等游客互动体验设施，以及餐饮、休闲、度假等设施。三期项目占地面积约 13 万平方米，项目建成后将进一步完善项王故里景区整体产业链，形成集“吃、住、游、购、娱”为一体的旅游综合体。届时，项王故里景区将成为苏北乃至江苏最具影响力的楚汉文化体验式旅游景区。

第七节　梦回西楚

漫步项王故里景区，仿佛穿越千年，沉浸在楚文化的别样风情之中。建筑、酒幌、灯笼，即便是那门店里的摆设，抑或是那门店外的人员服饰，无不透着楚风楚韵。每天的楚服秀表演与你邂逅在项府。如果你来得巧，你还会与一台情景再现式的表演《梦回西楚盛世》不期而遇。

项王故里精心打造的《梦回西楚盛世》是一个展示西楚文化的精品演艺节目，时长约 13 分钟，分三个篇章。

开篇《权御天下》：一众将领伴随着气势恢宏的音乐徐徐进场，通过队列、队形的分组展示，突出战场战事的紧迫感，将士们奋勇杀敌、誓死效忠项王的

《梦回西楚盛世》演出盛况

楚舞迎宾

《权御天下》1

《权御天下》2

《楚舞琴韵》

《千年之恋》

坚定决心；同时表达项羽兵临天下、勇往直前的英雄气概。

第二篇章是《楚舞琴韵》：乐女身穿华服进行古筝演奏，青年男女伴着音乐翩翩起舞。随着乐女转轴拨弦，乐声由慢变快，舞女长袖善舞、轻柔飘逸，舞士身姿矫健、张弛有力，共同构成了刚柔相济的楚舞之美。

终篇取名《千年之恋》：项羽和虞姬在众人的簇拥下登场，通过浪漫的双人舞蹈，表现项羽和虞姬缠绵缱绻的美好爱情。

整场演出生动形象地展示了西楚文化和贵族英雄的独特魅力，给人一种“一朝步入古城、一日梦回西楚”的深刻体验。

附：项羽年谱

公元前232年，1岁，出生于楚国下相（今江苏宿迁）。

公元前227年，6岁，开始嗣子教育。

公元前224年，9岁，祖父项燕拥立昌平君为楚王反秦。

公元前223年，10岁，祖父项燕兵败自杀。随叔父项梁逃亡。

公元前210年，23岁，11月，秦始皇出游渡钱塘江，上会稽祭大禹。项羽随叔叔项梁到江边观看。

公元前209年，24岁，9月，项羽随叔父项梁杀会稽郡守，起兵于吴中。

公元前208年，25岁，率江东八千子弟渡江作战。项梁及项羽击杀自称楚王的景驹和将军秦嘉。进入薛城，兵力已达10余万。项羽和刘邦一起打败章邯。9月，秦将章邯破楚军，杀项梁于定陶。楚怀王徙都彭城。项羽还军彭城。怀王拜宋义为上将军，封项羽为鲁公，任为次将，属宋义，北上救赵。

公元前207年，26岁，项羽掳秦将王离，攻破章邯军，章邯军退却。项羽与章邯会殷墟。章邯降，订立盟约。封章邯为雍王。11月，项羽杀宋义，怀王拜项羽为上将军。项羽率军渡河救赵于巨鹿。12月，大破秦军巨鹿下，诸侯将皆归属项羽。

公元前206年，27岁，项羽率诸侯兵40余万西至河南。秦王子婴投降。沛公刘邦进咸阳，还军霸上，待诸侯约。项羽至关中，鸿门设宴招待刘邦。诛杀秦降王子婴。项羽分封十八路诸侯，自称西楚霸王。诸侯罢兵回国。

公元前205年，28岁，齐叛楚，项羽率兵击齐，齐将田荣败走平原，为民众所杀。项羽复立原齐王田假为王。 刘邦进入洛阳，讨伐项羽。刘邦率五诸侯兵56万偷袭楚都彭城。项羽由齐回救，以骑兵3万大破汉军。

公元前204年，29岁，项羽围刘邦于荥阳，刘邦求和。10月，项羽在广武与刘邦对阵。

公元前203年，30岁，项羽与刘邦订“鸿沟和约”。刘邦之父太公及妻吕后被楚军释放。项羽还兵彭城。

公元前202年，31岁，刘邦追击项羽，撕毁“鸿沟和约”。12月，垓下之战，项羽军被歼。项羽自刎于乌江，死后刘邦以鲁公礼葬于山东谷城。

（注：根据网络整理）

后 记

写作《项王故里》之前，我从未涉足此类题材写作，接下任务后才知道写作《项王故里》有多难。与文学创作截然不同，整个写作过程不仅是一个对题材不断求证、不断完善的过程，而且是一个对历史和英雄项羽重新认识的过程。

当我为项王故里的一个景点的准确位置顶着烈日多次深入景区时，当我用不同的词条从网上反复搜索项羽乃至楚国的介绍时，当我面对各种对项羽的评价逐一甄别时，我从心底逐步确立起对项羽的崇敬和爱戴。一个人，仅仅活在世上31年，却在2000多年的历史长河中家喻户晓，那该是怎样的辉煌人生啊！那该让多少代人汗颜啊！除了项羽留在历史上那么多的经典战例和至今仍然令人耳熟能详的成语故事外，人们为什么会永久铭记项羽呢？我以为是他身上特有的贵族英雄品质和人性力量打动着历代活着的人。几乎每一个活着的人都能从项羽身上找到学习和借鉴的东西。人生如羽，夫复何求？2000多年后始料未及由我来写作《项王故里》这本小书，我倍感荣幸和责任重大。

受篇幅限制，《项王故里》口袋本仅用四章4万多字的内容，试图承载项羽人生的辉煌经历、英雄文化的历史传承、项王故里的旅游指南等功能，力求用通俗的语言和丰富的史料传达出贵族英雄的高贵品质，弘扬出英雄文化的时代精神，彻底摒弃那些对项羽的诸多不实言论，确实不容易。作为项羽家乡的作家，我没有任何理由不向世人表达家乡人对英雄的热爱和崇敬。任何亵渎践踏英雄的行为都是应当摒弃的，唯有热爱和崇敬英雄才能赢得未来。假如此书能激发起你对英雄和英雄家乡的一点热爱和崇敬之情，那我就心满意足了。

《项王故里》的写作，得到了省委宣传部外宣负责同志和凤凰出版传媒集团的关心指导，得到了宿迁市文旅集团董事长陈伟先生和宿迁市旅游局局长刘方德先生的大力支持与具体指导，特别是著名摄影家陆启辉先生不辞辛劳为本书拍摄图片，在此一并表示衷心感谢！

王清平

2017年7月21日

再版后记

2019年春天某日，接到责任编辑电话，说小书《项王故里》打算再版，看我能否进行修订。建议正合我意。《项王故里》出版不到一年，反响很好，但我一直感觉言犹未尽。借修订之机，正好修正错误，充实完善，力争无愧我心，不负众望。

本次修订篇幅从4万多字增加到近7万字，章节从四章删节为三章，第一章题目由《诵英雄传奇》改为《诵项羽传奇》。删除了初版时的第四章《尝英雄家宴》，原因很简单，这章内容有点牵强附会。推翻重写了第二章，并将第二章题目改为《品项羽文化》。这个题目比原《品英雄文化》更加聚焦。为什么要重写第二章？因为项羽已经不再是一个个体英雄，而是形成了一种文化现象。我试图多角度深入挖掘项羽文化的形成背景、精神特质、传播途径、历史遗存等，让读者和游客能够全面了解项羽和项羽文化。

本书有些资料来自网络，恕不逐一标注。

王清平

2019年4月1日